\ぴりんぱらん うちなーぐち/
気持ちが伝わる！
沖縄語
リアルフレーズ
BOOK

比嘉光龍［著］

研究社

はじめに

　うちなーぐち（沖縄語）という言葉を聞いたことはあるでしょうか？　これまでは沖縄方言、琉球方言などと呼ばれてきましたが、2009年ユネスコの危機言語指定などもあり、方言ではなく「言語」だと認識され始めています。それは世界の少数言語復興運動の影響もあるでしょう。例えば、欧米の少数言語（英国のウェールズ語、スペインのカタルーニャ語、米国のハワイ語など）の中には、義務教育への導入、メディアでの活用、さらに行政機関での使用など、かなり活発な復興事例もあります。欧米やアジアでは1国多言語が普通で、1国1言語という認識は日本とアメリカくらいだと言えるほど、少数言語の権利を保障する国が増えています。

　うちなーぐちの現状理解のため、筆者の生い立ちを少し紹介します。筆者は1969年那覇生まれで、父は米国人ですが全く知らず、母は沖縄島の金武町出身です。生後すぐ、事情により母の兄夫婦の養子となりました。この伯父伯母はうちなーぐち母語話者ですが、筆者は日本語8割うちなーぐち2割で育てられました。こういう言語環境は筆者の世代では一般的で、その結果、多少聞けても話すことはできません。筆者より若い世代は聞くこともままならない状況です。その大きな理由は、戦前・戦後、学校でうちなーぐちを使うと罰として「方言札」を首から掛ける、また、教師が怒る、という理不尽なことで、親や祖父母世代は劣等感を抱き、子どもの教育にうちなーぐちを用いなくなったからでしょう。

　筆者は三線を始めた20年前から、沖縄芝居の名優 真喜志康忠氏（1923-2011年）、そして首里士族の家系にお生まれになった屋嘉比富子さん（1917年生まれ）を師匠として、うちなーぐちを聞き、話す勉強をしてきました。本書のうちなーぐちの会話は、この屋嘉比さんに全面的にチェックをしていただきました。ここに感謝を申し上げます。また、音声の伊志嶺忍さんは若く、ほとんど話せない世代ですが、お名前の通り筆者の指導を「忍」耐強く受け、ネイティヴと言えるほどの発音や発声を吹き込んで下さいました。そして最後に、少数言語であるうちなーぐちのフレーズブックを出版する機会を与えて下さった研究社と、編集担当者としていろいろな面でサポートしてくださった中川京子さんに感謝申し上げます。

比嘉光龍

この本の使い方　〜より効果的な勉強方法〜

　この本は９つの章に分けて、実際の会話で使えるフレーズを、おおよそ短い順で配列しています。それぞれ、

　　1. 見出しフレーズ（うちなーぐち、日本語訳）
　　2. ダイアログ（うちなーぐち、日本語訳）
　　3. 注釈

の順で並んでいます。どうやって勉強しようか？という方のために、以下の勉強方法をご提案します。

◇Step 1： まずは見出しフレーズから
　ひたすら見出しフレーズだけを見ていきましょう。短いフレーズをどんどん声に出して覚えましょう。ぜひとも使いたいフレーズはチェック！

◇Step 2： ダイアログ全体をチェック！
　ダイアログでは、見出しフレーズをどのように使うかがよりわかる仕組みになっています。ダイアログの中にも「これ、使える！」と思わせるフレーズがたくさん隠れているので、あわせてチェック！

◇Step 3： 注釈をチェック！
　うちなーぐちならではの表現や知らない言葉に出会ったら、注釈を見て確認してください。語句の意味や使い方、文のしくみを理解して、応用力を付けましょう。

◇Step 4： 索引で再確認
　巻末には、うちなーぐちと日本語の見出しフレーズ一覧を載せた索引が付いています。それぞれ眺めながら、このフレーズはどう使うんだっけ？この日本語はうちなーぐちでどう言うんだっけ？と思い返してみてください。

◇Step 5： 置き換えできる余裕を
　見出しフレーズは、その形でだけ使うものもありますが、中にはパーツを取り替えることができる場合もあります。とりあえずは「まる覚え」でもかまいませんが、余裕が出てきたら、ほかの言葉に置き換えできないかな？と考えることも大切です。イメージをふくらませ、幅広い表現ができるようにしましょう。

本書で使われている記号

* ＊ 　ダイアログの話者の左側に付いている＊は、それが女性のセリフであることを示しています。＊が付いていない方は男性のセリフです。
* 〈　〉 うちなーぐちに対して日本語訳を示すときに使っています。
* ← 　動詞や形容詞の基本形を示すときに使っています。
* ＋ 　ある表現をいくつかの要素に分解するときに使っています。
* ⇒ 　参照先の見出し番号を示しています。

音声について

◇本書の音声（MP3）は、研究社ウェブサイト（http://www.kenkyusha.co.jp/）から、以下の手順でダウンロードできます。

(1) 研究社ウェブサイトのトップページで「音声ダウンロード」をクリックして「音声データダウンロード書籍一覧」のページに移動してください。

(2) 移動したページの「気持ちが伝わる！ 沖縄語リアルフレーズBOOK」の紹介欄に「ダウンロード」ボタンがありますので、それをクリックしてください。

(3) クリック後、ユーザー名とパスワードの入力が求められますので、以下のように入力してください。
　　ユーザー名：guest
　　パスワード：OkinawagoDownload

(4) ユーザー名とパスワードが正しく入力されると、ファイルのダウンロードが始まります。ダウンロード完了後、解凍してご利用ください。

◇音声には、本書に収録されている全項目の「見出しフレーズの日本語訳」と「うちなーぐちのダイアログ」が入っています（MP3データのファイル名の番号は見開き2ページごとに偶数ページの左側に表示していますのでご参照ください）。まずは、ダウンロードした音声を繰り返し聞きましょう。また、実際に声に出して練習することも非常に大切です。フレーズがスムーズに口をついて出るようになるまで、繰り返し練習しましょう。そして、音声の最後には、著者からの歌三線のプレゼントが入っていますので、どうぞお楽しみに！

[ナレーション]
比嘉　光龍（歌三線者、沖縄語講師。沖縄大学地域研究所 特別研究員。沖縄語講師としてテレビ出演、教育テレビ番組脚本執筆、ラジオ番組パーソナリティ、など）
伊志嶺　忍（沖縄県立芸術大学音楽学部卒業（琉球芸能専攻）。琉球舞踊 阿波連本流啓扇紅節の会 教師。国立劇場おきなわ主催公演、NHK沖縄の歌と踊り、海外公演など出演多数）
鈴木加奈子（元静岡第一テレビアナウンサー。現在はナレーター・MCとして活動するほか、大学で留学生の日本語指導にあたる）

琉球諸語

琉球諸語とは、奄美語、国頭語、おきなわ語、宮古語、八重山語、与那国語の6つの言語の総称である。

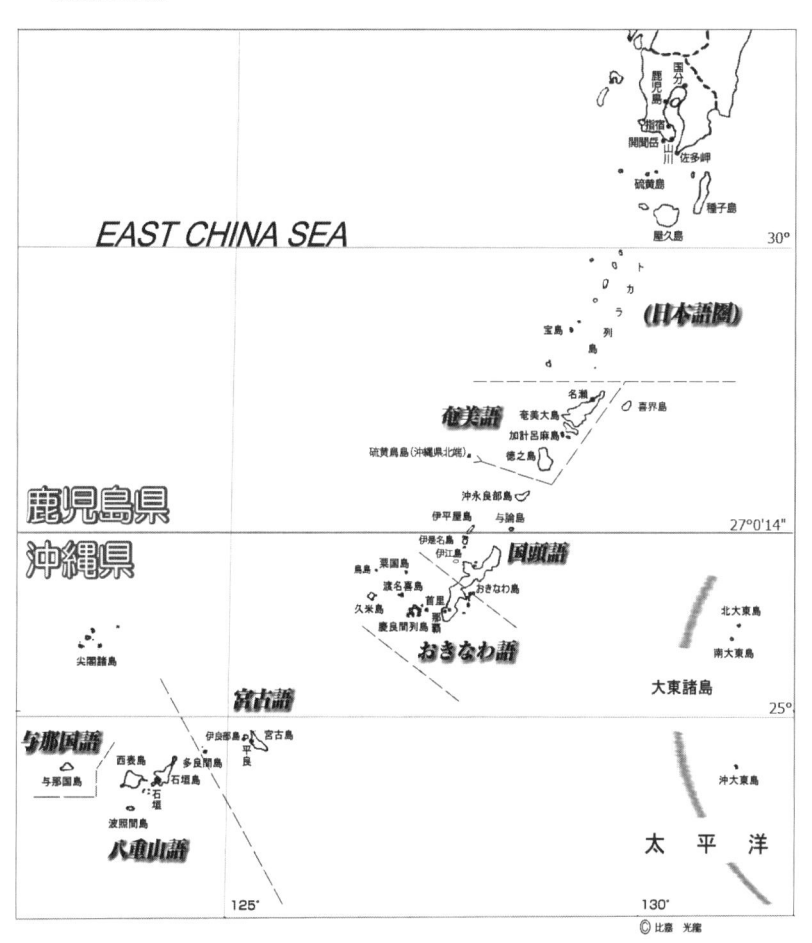

うちなーぐちとは

1. 琉球諸語について

2009年2月、ユネスコは琉球諸島の言語として奄美語、国頭語、沖縄語、宮古語、八重山語、与那国語の6つがあるとし、これらを「危機に瀕する言語」として発表しました。前頁の地図にもあるように、もともと琉球諸島の各地域ではこれらの言語が話されており、首里を王都とした琉球王国では沖縄語の中の首里ことばが公用語的な役割を持っていました。しかし、1879年（明治12年）の沖縄県強制設置と同時に、公的教育は日本語のみで行なわれるようになり、強力な標準語励行のもとで急激に話者が減った結果、今では日常的な話者は高齢者のみになってしまいました。これらの言語のうち、本書では主に沖縄島中南部の首里と那覇のことばを中心とした沖縄語（うちなーぐち）を扱っています。また、本書では、ユネスコの発表を踏まえ、これらをそれぞれ独立した一つの言語と見なす立場を取っていますので、本文中でもいわゆる標準語を「日本語」と呼んで、沖縄語（うちなーぐち）と区別しています。

2. うちなーやまとぅぐちについて

上で述べた琉球諸島の伝統的な言語に対して、明治12年以降、特に戦後の沖縄では沖縄語と日本語の混ざった新しいことばが生まれました。そのうち、沖縄島地方で広く話されているのが「うちなーやまとぅぐち（沖縄語的日本語）」です。その多くは語彙や文法が日本語と似ており県外の人でも理解できるため、沖縄を舞台としたドラマなどで「沖縄らしさ」を表現するためによく使われます。その中でもよく聞く「おじい」「おばあ」は、実はうちなーやまとぅぐちで、本来のうちなーぐちでは「おじいさん」を「**たん前**」、「おばあさん」を「**ぅんめー**」と言います。うちなーやまとぅぐちにはさまざまなパターンがあります。少し紹介すると、語頭は日本語で語尾はうちなーぐちの「ゆいまーる〈結い〉」や、語尾のみを日本語に換えた「とぅるばる〈ぼんやりする〉」「まーさい〈おいしい〉」、うちなーぐちの日本語直訳「だからよー〈そうだよね〉」など、これらは日本語との接触により生まれた新しいことばで、本来のうちなーぐちとは違うことばです。本書では、このうちなーやまとぅぐちではなく、本来のうちなーぐちを扱っています。

3. 本書で使っているうちなーぐちについて

3.1 本書では、上で述べた沖縄語（うちなーぐち）の中でも、特に琉球王国の政治・文化の中心地であった首里のことばをベースに、商業の中心であった那覇のことばを採り入れたものを「うちなーぐち」と呼んでいます。これはいわ

ば沖縄島中南部の標準語的存在で、比較的通じやすいことばですが、その一方で沖縄には数多くの島々があり、地域によってもことばが違うと言われています。本書で覚えたフレーズを使ってみると、周りのネイティブスピーカーの方に「ここではこう言うんだよ」と教わることがあるかもしれません。そのようなときは地域のことばも覚えて、あなたのうちなーぐちのテリトリーを広げていきましょう。

3.2 本書のうちなーぐちは首里ことばをベースにしていますので、首里と那覇で違いがある場合に、首里ことばの方を優先して載せていることがあります。例えば、注釈の中で動詞の基本形を示すときに、語尾が「〜ゆん」「〜いん」の両方あるものは、基本的に首里でよく使われる「〜ゆん」を出しています。那覇の言い方を知りたいときは「〜ゆん」を「〜いん」に置き換えてください。例:「分かゆん」〈わかる〉は那覇では「分かいん」となります。

3.3 うちなーぐち、特に首里ことばでは、女性はより丁寧でやわらかい表現(いわゆる「女性言葉」)を使う習慣が根強く残っていて、普通は丁寧語(日本語の「です・ます」にあたる表現)など敬語を使うことが望ましいとされています。女性が「女性言葉」を使わないのはごく親しい間柄に限られるので、そういう場合、本書ではダイアログの中に話者同士の間柄(「母・息子」「夫・妻」など)を明示することにしました。

3.4 本書のダイアログでは、男性は女性に比べるとややぞんざいな言葉遣いをしている場合が多いですが、相手によっては(特に年上に対して)そのまま使うと失礼にあたる恐れがあり、十分に注意が必要です。うちなーぐちでは敬語を正しく使うことが大変重視されるので、男女を問わず丁寧な表現を積極的に身につけるようにしてください。

4. うちなーぐちの発音について

4.1 特に注意すべきうちなーぐち独特の発音として、声門閉鎖音があります。声門閉鎖音とは、一度声門を閉じたあと、呼気と一緒に声門が開いたときに出る音です。声が出る前に一瞬喉が詰まったように聞こえますので、音声をよく聞いて確認してください。なお、下記、各項目左端の[ ]に入った記号は、該当する発音を国際音声記号(IPA)で表記したものです。

[ʔa]: **あびゅん**〈叫ぶ〉。
[ʔi]: **いちゃゆん**〈会う〉。
[ʔu]: **うー**〈はい〉。
[ʔe]: **いぇーさち**〈挨拶〉。
[ʔo]: **おーゆん**〈喧嘩する〉。
[ʔja]: **いゃー**〈お前〉。

[ʔju]: **いゅん**〈言う〉。
[ʔjo]: **いょーいーぐゎー**〈赤ちゃん〉。
[ʔwa]: **うゎー**〈豚〉。
[ʔwi]: **うぃー**〈上〉。
[ʔwe]: **うぇんちゅ**〈ねずみ〉。
[ʔn]: **うんま**〈馬〉。

4.2 うちなーぐちでは声門閉鎖音の有無によって別の単語になってしまう例が多くあります。以下の例では、声門閉鎖音を伴う時にはそれを際立たせて発音しなければならず、その反対の場合は声門閉鎖音がないことを際立たせて発音する必要があります。音声で違いをよく聞き比べてみてください。

声門閉鎖音あり／なし
02
[ʔi] **いん**〈犬〉／[ji] **ゐん**〈縁〉
[ʔu] **うとぅ**〈音〉／[wu] **をうとぅ**〈夫〉
[ʔe] **いぇー**〈ねえ、おい〉／[je] **ゑー**〈まあ、へえ〉
[ʔo] **おーじ**〈扇〉／[wo] **をーじ**〈王子〉
[ʔja] **いゃー**〈お前〉／[ja] **やー**〈家〉
[ʔwa] **うゎー**〈豚〉／[wa] **わー**〈私の〉
[ʔn] **うんに**〈稲〉／[n] **んに**〈胸〉

4.3 うちなーぐちでは、「〜や」〈〜は〉、「〜んかい」〈〜に〉などの助詞は、以下のように、前に来る母音と融合して音変化を起こすことがよくあります。

あま〈あちら〉＋**〜や**〈〜は〉→**あまー**〈あちらは〉。
くり〈これ〉＋**〜や**〈〜は〉→**くれー**〈これは〉。
っ人〈人〉＋**〜や**〈〜は〉→**っ人**〈人は〉。
夕飯＋**〜や**〈〜は〉→**夕飯**〈夕飯は〉。
温泉＋**〜んかい**〈〜に〉→**温泉ぬんかい**〈温泉に〉。

本書ではこれらの音変化が出てくるたびに注釈を加えるようにしました。

4.4 うちなーぐちでは、音を長く伸ばすか否かが言葉の意味を特定するうえで重要になる場合があります。例えば、「**てーふぁ**」は「冗談」の意味ですが、「**てーふぁー**」と語尾を伸ばすと「冗談を言う人」の意味になります。本書では、この長く伸ばす音を音引き（ー）を使って示していますので、発音する際にはこの音引きにも注目してください。ただし、感情的に話す場合などには、この音引きが短めに発音されることもあります。実際の音の長さについては音声を参考にしてください。

5. 本書中のうちなーぐち表記について

5.1 本書のうちなーぐち表記には漢字ひらがな交じり文を用いています。例：

くり 買てぃっ来呉れー。これは、琉球王国時代のうちなーぐち（おもろそうし、組踊、琉歌など）がほとんど漢字とひらがなで表記されていたことに拠っています。

5.2 漢字表記を用いるに当たっては日本語との語源的対応を原則としました。例：「清らさん」〈美しい〉（これを「美らさん」とするのは当て字）。ただし、語源的対応がなくても慣用的な表記として定着しているものについては、一部使うことにしました。例：「猫」、「男」など。

5.3 うちなーぐちの漢字表記には原則としてすべてにルビを振っています。

5.4 うちなーぐちには現代日本語から借用した言葉が多く使われていますが、そのような新しい借用語にはルビを振っていません。ルビを振っていない語の発音は日本語と同じです。ただし、うちなーぐちの助詞「〜や」〈〜は〉と融合して音変化を起こした場合（上記4.3参照）などにはルビを振ることにしました。例：雑誌〈雑誌は〉。＊日本語の「雑誌」とうちなーぐちの「〜や」が融合したもの。

5.5 琉球王国時代、うちなーぐちのひらがな表記には琉球独自の歴史的仮名遣いが用いられていました。それを明治以降、伊波普猷、島袋盛敏、そして野村流工工四などが発音に即した表記（主にカタカナ表記）にしました。本書のひらがな表記は、これら先達の発音に即した表記を基礎としています。そのうち、現代日本語で馴染みがなく、特に注意を要するひらがな表記は以下のとおりです（上記4.1, 4.2参照）。このうち「をぅ」「いゃ」「いゅ」「うゎ」「をぇ」「ぅん」は2文字で書いてありますが、それぞれ1音で発音します。

03

ゐ： [ji] 音を表す。例：ゐなぐ〈女〉。

をぅ： [wu] 音を表す。例：をぅーをぅー〈いいえ〉。

ゑ： [je] 音を表す。例：ゑーま〈八重山〉。

いゃ： 声門閉鎖音を伴った [ʔja] 音を表す。例：いゃー〈お前〉。

いゅ： 声門閉鎖音を伴った [ʔju] 音を表す。例：いゅん〈言う〉。

うゎ： 声門閉鎖音を伴った [ʔwa] 音を表す。例：うゎーふーる〈豚便所〉。

をぇ： [we] 音を表す。例：うゆをぇー〈お祝い〉。

ぅん： 声門閉鎖音を伴った [ʔn] 音を表す。例：ぅんじ〈ほんと？〉。

5.6 本書のうちなーぐち文には「文節分かち書き」を採用しました。これは、意味の切れ目を示して文意を捉えやすくするもので、音声上の切れ目を表すものではありません。例：誰が くま 掃除 さが〈誰がここ掃除やったんだ〉。基本的に日本語における分かち書きに従っていますが、一部本書独自の方式を採っている箇所もあります。

CONTENTS

はじめに……………………………………… iii
この本の使い方……………………………… iv
本書で使われている記号…………………… v
音声について………………………………… v
琉球諸語言語地図…………………………… vii
うちなーぐちとは…………………………… viii

◇ Chapter 1　ベーシックフレーズ……………… 1
◇ Chapter 2　喜怒哀楽フレーズ………………… 21
◇ Chapter 3　日常生活フレーズ………………… 39
◇ Chapter 4　意見・主張フレーズ……………… 51
◇ Chapter 5　依頼・忠告フレーズ……………… 65
◇ Chapter 6　遊び・食事フレーズ……………… 81
◇ Chapter 7　恋愛フレーズ……………………… 97
◇ Chapter 8　ビジネスフレーズ………………… 109
◇ Chapter 9　ことわざ・慣用句フレーズ……… 123

沖縄語索引…………………………………… 133
日本語索引…………………………………… 138

Chapter 1
ベーシックフレーズ

あいづちや受け答え、基本のあいさつなど、
どんな場面でも使える、短くて便利なフレーズを集めました。
コミュニケーションの始まりは、簡単な言葉のやり取りから。

1 うー

▶ はい

A: あんしぇー、くり 買てぃっ来呉れー。

*B: うー、あんしぇー、待っちょーてぃ呉みそーれー。

　A: じゃあ、これ買ってきてくれよ。
　*B: わかった、じゃあ、ちょっと待っててね。

★ **あんしぇー**: それでは。「あんし」〈それで〉+「〜や」〈〜は〉の融合した形。このように「〜や」は前に来る母音と融合して音変化することが多い（xページ4.3参照）。

★ **買てぃ**: 買って。←「**買ゆん**」〈買う〉。

★ **っ来**: 来て。←「**来ん**」〈来る〉。

★ **呉れー**: （〜して）くれよ。「**呉みそーれー**」〈（〜して）くださいよ〉を使うとやわらかく聞こえる。

★ **うー**: はい。年上に対する応答の言葉で、承諾・肯定・同意を表す。うちなーぐちの特徴である声門閉鎖音を伴わずに発音するとぞんざいな返事になってしまうので注意。

★ **待っちょーてぃ**: 待っていて。←「**待っちょーん**」〈待っている〉。

2 をぅーをぅー

▶ いいえ

A: 誰が くま 掃除 さが？

*B: をぅーをぅー、我が さびらんどー。

　A: 誰がここ掃除やったんだ？
　*B: いいえ、私はやってませんよ。

★ **くま**: ここ。

★ **さが**: したか。「**さん**」〈した〉+「**〜が**」〈か〉。「**〜が**」は疑問を表す。

★ **をぅーをぅー**: いいえ。年上に対する応答の言葉で、否定・拒絶などを表す。

★ **我が さびらんどー**: 私がしませんよ。日本語では「私は」となるところ。「**どー**」〈（だ）ぞ、よ〉は強調を表す。

2　CHAPTER 1

3 だー

▶ ねえ／おい

A: だー、眼鏡(がんちょー) ねーれー。

*B: うりたい。

> A: ちょっと、メガネ取って。
> *B: はい。

★**だー**: ものを要求したり尋ねるときに使う言葉。

★**ねーれー**: よこせよ。←「**ねーゆん**」〈よこす、差し出す〉。

★**うり**: ほら、それ。注意を促したり、ものを渡すときなどに言う言葉。「**たい**」は、女性が年上に話しかけるときなどに語末や文末に付ける敬語。男性が使う場合は「**さい**」を付ける。

4 行(ぃ)じ来(く)ゐー。

▶ 行ってくるよ。

A: とー、行(ぃ)じ来(く)ゐー。

*B: 忘(わ)とーしぇー 無(ねー)やびらに？

> A: なら、行ってくるよ。
> *B: 忘れ物はない？

★**とー**: さあ、なら。何かを始める前のかけ声。

★**行(ぃ)じ来(く)ゐー**: 行ってくるよ。「**ぃん**」の発音については xi ページ 5.5 参照。「**〜ゐー**」〈よ、ねえ〉は、同年輩または年下へ親しみの気持ちを表す際に語尾に付ける。

★**忘(わ)とーしぇー**: 忘れているものは。「**〜しぇー**」は「**〜し**」〈（〜する）もの〉＋「**〜や**」〈〜は〉の融合した形。

★**無(ねー)やびらに**: ありませんか。「**無(ねー)やびらん**」〈ありません〉＋「**〜ゐ**」〈か〉。「**〜ゐ**」は疑問を表す。

5 戻てぃ来んどー。

▶ 戻ってきたよ。

A：今る 戻てぃ来んどー。

*B：御胴、まー 歩っち めんそーちゃが？

　　A：ただいま、今帰ったよ。
　　*B：もう、どこ行ってたの？

★ 今る： 今こそ。「～る」は強調したい語に付ける。

★ 戻てぃ： 戻って。←「戻ゆん」〈戻る〉。

★ 来ん： 来た。←「来ん」〈来る〉。

★ 御胴： 「御胴」〈あなた〉＋「～や」〈～は〉の融合した形。「もう」「まったく」のニュアンス。

★ まー 歩っち めんそーちゃが： 直訳すると「どこを歩いていらっしゃったのですか」。「めんしぇーん」で「いらっしゃる」。

6 いーななー？

▶ もう？／そんな早く？

A：皆 待っちょーくとぅ、早く 行か。

*B：いーななー？

　　A：みんな待ってるから、早く行こう。
　　*B：もう行くの？

★ 待っちょーくとぅ： 「待っちょーん」〈待っている〉＋「～くとぅ」〈～から〉。

★ 行か： 行こう。←「行ちゅん」〈行く〉。

★ いーな： もう、そんなに早く。予定が早まった際に言う。他に「うぬ 早さ」〈こんなに早く〉もよく使う。

★ なー： かい。軽く質問する際、語尾に付ける。「いーななー」は直訳すると「もうかい」。

4　CHAPTER 1

7 うんじ？

▶ ほんと？

A：うんじ？ 譿(ゆく)しぇー あらんらやー。

*B：本当(ふんとー)やいびーんどー。

A：ほんと？ 嘘じゃないよね。
*B：ほんとよ。

★**うんじ**： 話の真偽を確かめるときに使う言葉。丁寧に言うときは「**うんじさい**」（女性は「**うんじたい**」）〈本当ですか〉となる。

★**譿(ゆく)しぇー**：「**譿(ゆく)し**」〈嘘〉+「**〜や**」〈〜は〉の融合した形。

★**あらんらやー**： 〜ではないんだよね。

★**やいびーん**： 〜です。

8 あね

▶ ほら

A：あね、あまんかい 見(みー)ゆしぇー。あまやんどー、慶良間(きらまー)。

*B：まーやいびーが？

A：ほら、あそこに見えるじゃん。あそこだよ、慶良間諸島は。
*B：どこなの？

★**あね**： ほら、それ。注意を促すときに言う。

★**あま**： あそこ。

★**〜んかい**： 〜に。場所を表す。

★**見(みー)ゆしぇー**： 見えるだろ。「**〜しぇー**」は念を押したり同意を求める言い方。「**言(い)ちゃしぇー**」〈言っただろ〉など。

★**やんどー**： 〜だよ。

★**慶良間(きらまー)**：「**慶良間(きらま)**」+「**〜や**」〈〜は〉の融合した形。

★**まーやいびーが**： どこですか。

CHAPTER 1　5

9 やいびーてぃゐ?

▶そうだったの?

A: 皆ぬ カラオケ代や ありが 持っち呉てーたる ばーてー。

*B: やいびーてぃゐ? 銭持ちやいびーさやー。

　　A: みんなのカラオケ代はあいつが持ってくれてたんだよ。
　*B: そうだったの? お金持ちねえ。

★あり: 彼。

★呉てーたる ばーてー: 直訳すると「(～して)くれてあったわけなんだよ」。「ばー」は「わけ、理由」、「～てー」は「(だ)よ」の意。

★やいびーてぃゐ: (そう)でしたか。相手に問い返す表現。「あん」〈そう〉を付けて、「あんやいびーてぃゐ」という言い方もある。

★銭持ち: 金持ち。

★やいびーさやー: ～ですよねえ。「やいびーん」〈～です〉+「～さ」〈よ〉+「やー」〈ねえ、なあ〉。

10 実

▶実は

A: 実、昔 ありとぅ 闘てぃよー。

*B: あんる やいびーてぃゐ。あんすくとぅる 話 さびらんてーさやー。

　　A: 実は、前にあいつと揉めちゃってさ。
　*B: そうだったんだ。だから口きかなかったのね。

★実: 「実」+「～や」〈～は〉の融合した形。

★闘てぃ: 喧嘩して。←「闘ゆん」〈喧嘩する〉。

★あんすくとぅる: 直訳すると「そうするからこそ」。

★さびらんてーさやー: しなかったのですよねえ。

6　CHAPTER 1

11 済むんよー。

▶ 大丈夫だってば。

母：あいえー、鼻垂い ぬ 出じとーくとぅ、うぬ ティッシュさーに 鼻 しぴれー。

息子：済むんよー。

> 母：あらあら、鼻水出ちゃってるよ、このティッシュで鼻かみな。
> 息子：大丈夫だってば。

★**あいえー**：ああ、おお。「**あきさみよー**」（⇒ 39 ）と同じく喜怒哀楽の場面で発する言葉。

★**鼻垂い**：鼻水。

★**出じとーくとぅ**：出ているから。「**出じゆん**」で「出る」。

★**〜さーに**：〜で。手段を表す。

★**しぴれー**：（鼻を）かみなよ。←「**しぴゆん**」〈(鼻を)かむ〉。

★**済むんよー**：（〜しなくて）いいよ。直訳は「済むよ」。「**よー**」〈よ、ね〉は念押しを表す。

12 あはー

▶ ああ

A：腰から 声 掛きたる っ人 先生る やんどー。

*B：あはー、先生る やいびーてぃゐ。

> A：後ろから声かけたのは先生だよ。
> *B：ああ、先生だったのね。

★**腰**：後ろ。「腰」から「背面」へ転義したもの。体の部位の「腰」も「**腰**」と言う。

★**掛きたる**：すぐ後に名詞が来て、その名詞を修飾する形。←「**掛きたん**」〈かけた〉。

★**っ人**：「**っ人**」〈人〉+「**〜や**」〈〜は〉の融合した形。

★**あはー**：納得したり思い出したりしたときに発する言葉。

CHAPTER 1　7

13 長 さやー。

▶ 久しぶり。

*同級生：あい！ 長 さやー。元気やてぃゐ？

同級生：うんー、実 我んねー 仕口 変わたんどー。汝や 如何 そーたが？

*同級生：あら、久しぶり。元気だった？
同級生：ああ。実は俺転職したんだ。君はどうしてた？

★ **あい**： あれ、おや。驚いたとき、気づいたときなどに発する言葉。

★ **長 さやー**： 久しぶりだねえ。「長さん」で「久しい」。

★ **元気**： うちなーぐちでは本来「頑丈」と言うが、最近は日本語の「元気」を使う傾向がある。

★ **うんー**： ああ、うん。親しい人や年下に対する肯定・同意の返事。

★ **我んねー**： 私は。

★ **仕口 変わたん**： 仕事を変わった。

★ **汝**： お前、君。同年輩または年下に対して使う。

14 またやー。

▶ またね／じゃあね。

*A：あんしぇー、明日 レストラン居てぃやーたい。

B：いー、またやー。

*A：じゃあ、明日レストランでね。
B：ああ、じゃあね。

★ **〜居てぃ**： 〜で。場所を表す。

★ **たい**： 女性が年上に話しかけるときなどに語末や文末に付ける敬語。男性は「さい」を付ける。

★ **いー**： 同年輩または年下に対して承諾し肯定する応答の言葉。女性は「いー」より「うんー」をよく使う。

15 誰やいびーがやー？

▶ 誰かしら？

A: 誰がな 外んじ あびとーしが。

*B: あんすくとぅ、うぬ にっかから 誰やいびーがやー？

　　A: 誰か外で大声出してるけど。
　　*B: ほんと、こんな遅くに誰かなあ？

★**誰がな**: 誰か。

★**〜んじ**: 〜で。場所を表す。

★**あびとーしが**:「あびとーん」〈叫んでいる〉+「〜しが」〈〜けど〉。「あびゆん」で「叫ぶ、大声を出す」。

★**あんすくとぅ**: ほんと、まったく。直訳は「そうするから」。うちなーやまとぅぐち（沖縄語的日本語）に「だからよー」という表現があるが、これは「**あんすくとぅよー**」の直訳。

★**にっか**: 遅く。

★**誰やいびーがやー**: 誰ですかねえ。

16 くりやさ。

▶ これだよ。

彼氏: 前から 我が 言ちょーたしぇー くりやさ。

彼女: ゑー、うりどぅ あぬ パンケーキなー？

　　彼氏: 前から俺が言ってたやつ、これだよ。
　　彼女: へえ、これがあのパンケーキなの？

★**言ちょーたしぇー**: 言っていたものは。「〜しぇー」は「〜し」〈（〜する）もの〉+「〜や」〈〜は〉の融合した形。

★**やさ**: 〜だよ。「やん」〈〜である〉+「〜さ」〈よ〉。

★**ゑー**: まあ、へえ。軽くあいづちを打つときに言う。

★**うりどぅ**: それこそ。「〜どぅ」は強調したい語に付ける。

CHAPTER 1　9

17 だーだーだー

▶ どれどれどれ

彼氏：だーだーだー、我 持ちゅさ。

彼女：持たんてぃん 済むんよー。くれー 女ぬ 物る やく とう。

> 彼氏：どれどれどれ、俺が持つよ。
> 彼女：持たなくていいよ。これは女性のモノなんだから。

★くれー：「くり」〈これ〉+「〜や」〈〜は〉の融合した形。

★やくとう：〜であるから。

18 まーやいびーが？

▶ どちらですか？

*A：我んにん 久米島やいびーんどー！ 久米島 まーやいびーが？

B：我っ達や 儀間やんどー。

> *A：私も久米島ですよ！ 久米島のどちらなんですか？
> B：私は儀間の出身だよ。

★我んにん：私も。

★久米島：「久米島」+「〜や」〈〜は〉の融合した形。

★我っ達：本来「私たち」の意だが、単数形の「私」にもよく用いる。

10 CHAPTER 1

19 済むさ。

▶ いいよ／大丈夫だよ。

*A : あいえーなー、昨日 買てぃ来る 煎餅よー、いーな 湿けーとーいびーんでー。

B : 済むさ。だー、ーちぇー。

*A : まあ、昨日買ってきたばかりの煎餅が、もうしけっちゃってるわ。
B : かまわないよ。一つちょうだい。

★ **あいえーなー**： 驚いたときなどに発する言葉。「あいえー」に「なー」〈もう〉が付いた形で、「あいえー」よりも驚きのニュアンスが強い。

★ **買てぃ来る**： すぐ後に名詞が来て、その名詞を修飾する形。←「買てぃ来ん」〈買ってきた〉。

★ **湿けーとーいびーんでー**： 湿っていますよ。「でー」は「(だ) よ」の意。

★ **済むさ**： (〜しなくて) いいよ。直訳は「済むよ」。

★ **ーちぇー**：「ーち」〈一つ〉+「〜や」〈〜は〉の融合した形。

20 とーとーとー

▶ よしよしよし

*A : ビール 注じゃびら。

B : とーとーとー、なー うっさし 済むさ。

*A : ビールを注ぎましょう。
B : よしよしよし、もうそれだけでいいよ。

★ **注じゃびら**： 注ぎましょう。←「注じゃびーん」〈注ぎます〉←「注じゅん」〈注ぐ〉。

★ **とー**： よし、もういい。

★ **なー**： もう。

★ **うっさし**： それだけの量で。「〜し」は「〜っし」〈〜で〉が弱まった形で、手段・材料などを表す。

CHAPTER 1

21 あらんどー。

▶ 違うよ。

息子：あんまー、びらとぅ ちりびらんでぃ 言しぇー 様ぬ物る やがやー？

母：あらんどー。びらんでぃ 言しぇー「ねぎ」、ちりびらー「にら」やさ。

息子：母ちゃん、ピラとチリピラって同じものなの？
母：違うよ。ピラは「葱」で、チリピラは「韮」だよ。

★**あんまー**：母ちゃん、母さん。ちなみに「お母さん、お母さま」は「吾親」と言う。

★**〜んでぃ 言しぇー**：〜と言うものは。「〜んでぃ」〈〜と〉は引用を表す。「〜しぇー」は「〜し」〈(〜する)もの〉＋「〜や」〈〜は〉の融合した形。

★**様ぬ〜**：「同じ」の意を表す接頭辞。

★**やがやー**：〜であるかねえ。

★**あらんどー**：〜ではないよ、違うよ。

★**ちりびらー**：「ちりびら」〈韮〉＋「〜や」〈〜は〉の融合した形。

22 あんさびーくとぅ

▶ ほんと／まったく

A：あきさみよー、飛行機ぬ 音よー！ なー 目 強てぃ無ん。

*B：あんさびーくとぅ、夜中から 何事やいびーがやー。

A：何なんだ、この飛行機の爆音は！ もう、目が覚めちゃったよ。
*B：ホント、こんな夜中に何なの？

★**あきさみよー**：あれえっ、わあっ。喜怒哀楽の場面で発する言葉（⇒ 39 ）。

★**目 強てぃ無ん**：目が覚めてしまった。一見「目が覚めてない」という否定の表現に見えるが、そうではなく完了を表す表現。「目 強ゆん」で「目が覚める」。

★**あんさびーくとぅ**：ほんと、まったく。直訳すると「そうしますから」。

12　CHAPTER 1

23 やしがてー

▶ だけどね

*A: 我が 行じ 話 さびーさ。

B: やしがてー、あまー 合点 ならん 筈どー。

*A: 私が行って話しますよ。
B: けどね、向こうは納得しないだろうよ。

★行じ: 行って。←「行ちゅん」〈行く〉。

★あまー:「あま」〈あちら〉+「〜や」〈〜は〉の融合した形。

★筈: (たぶん) 〜だろう。動詞に付いて推量を表す。例:「来る 筈」〈来るだろう〉。

24 あがー！

▶ 痛いっ！

母: いぇー、くりかーや なんどぅるさくとぅ うかーさん…、あいえー！

息子: あがー！ ちび 病まちゃん！

母: 今 言ちゃのーあらに！ まーん 病まさんてぃゐ？

母: ねえ、この辺は滑りやすくて危ない…、キャー！
息子: イッテー！ おしり打っちゃったよー！
母: 今言ったでしょ！ どこも怪我はなかったの？

★いぇー: ねえ、おい、もしもし。呼びかけの言葉。「いぇーさい」(女性は「いぇーたい」) を使うと少し丁寧になる。

★くりかー: この辺。

★なんどぅるさくとぅ: 滑りやすいから。「なんどぅるさん」〈つるつるして滑りやすい〉+「〜くとぅ」〈〜から〉。

★うかーさん: 危ない。 ★ちび: お尻。

★病まちゃん: 痛めた。←「病ますん」〈痛める〉。

★病まさんてぃゐ: 痛めなかったか。「病まさん」で「痛めない」。

CHAPTER 1 13

25 何事(ぬーぐとぅ)が?

▶ どうした？／何事か？

*A: いぇー 先じ、御胴、聞ち呉みそーれー。うんな 話ぬ あいびーみ？

B: 何事(ぬーぐとぅ)が？ あんし 大(うふ)あびー っし。

*A: まったくもう、ちょっと聞いてよ。こんな話ってある？
B: どうしたんだ？ そんな大声出しちゃって。

★いぇー 先(ま)じ: なんとまあ。驚いたときに発する言葉。

★呉(くぃ)みそーれー: （〜して）くださいよ。

★あいびーみ: ありますか。「あいびーん」〈あります〉に「〜み」〈か〉が付いた形。

★あんし: そんなに。

★大(うふ)あびー: 大声を出すこと。「大(うふ)あびー すん」で「大声を出す」。

26 何(ぬー)がやら

▶ 何でだか

A: 昨日(ちぬー)ぬ 事(くとー) 汝(いゃー) 同士(どぅしぇー) 何(ぬー)んでぃ 言(いゆ)たが？

*B: 何(ぬー)がやら、何(ぬー)ん 言(いゃ)びらんでー。

A: 昨日のこと、お前の友達は何て言ったの？
*B: 何でだか、何も言わないのよ。

★事(くとー):「事(くとぅ)」+「〜や」〈〜は〉の融合した形。

★同士(どぅしぇー):「同士(どぅし)」〈友達〉+「〜や」〈〜は〉の融合した形。

★〜んでぃ: 〜と。引用を表す。

★何(ぬー)がやら: 何でだか、どういうわけか。

★言(いゃ)びらん: 言いません。←「言(いゃ)ん」〈言わない〉。「言(いゆ)ん」で「言う」。

14　CHAPTER 1

27 良ばーやいびーてーさ。

▶ ちょうど良かったわ。

A：あんしぇー、コンビニ 行じ来ゐー。

*B：良ばーやいびーてーさ。あんしぇー、くぬ 荷物 出ちっ来呉みそーらに？

　A：ちょっとコンビニ行ってくるよ。
　*B：ちょうど良かった。ついでにこの荷物出してきてくれない？

★良ばーやいびーてーさ：直訳すると「良い折だったんですよ」。「ばー」は「場合、時」の意。

★出ち：出して。←「出すん」〈出す〉。

★呉みそーらに：（〜して）くれませんか。

28 覚とーみしぇーみ？

▶ 覚えてる？

*A：我っ達 親ぬ 家ぬ 隣んかい めんしぇーたる 声枯らー たん前 覚とーみしぇーみ？

B：ゑー、あぬ 三線 弾ちゅたる たん前なー？

　*A：私の実家の隣に住んでたハスキーボイスのおじいさん覚えてる？
　B：ああ、あの三線弾いてたおじいさんだろ？

★我っ達：本来「私たちの」の意だが、単数形の「私の」にもよく用いる。

★めんしぇーたる：すぐ後に名詞が来て、その名詞を修飾する形。←「めんしぇーたん」〈いらっしゃった〉。

★声枯らー：しわがれ声（の人）。

★たん前：おじいさん、おじい様。ちなみに「じいちゃん、じじ」は「御主前」と言う。

★覚とーみしぇーみ：覚えていらっしゃいますか。「〜みしぇーん」〈〜なさる〉は動詞に付いて尊敬語を作る。

29 大話るどー。
▶ 冗談だよ。

彼氏：大話るどー。あんすかわーけー 考んなけー。

彼女：言らり欲しこー無らん 体ぬ 事 言らってぃ、好かん！

彼氏：冗談だよ。あんまり深く考えんなよ。
彼女：気にしてる体型のこと言うなんて、嫌い！

★**大話**：冗談、おどけ。「**大話**」は人を指し「ひょうきん者」の意。

★**あんすかわーけー**：それほどまでは。「**〜わーけー**」は「**〜わーき**」〈〜まで〉＋「**〜や**」〈〜は〉の融合した形。

★**言らり欲しこー無らん**：言われたくない。「**〜欲しこー無らん**」〈(〜し)たくない〉は「**〜欲さん**」〈(〜し)たい〉の否定形。

★**体**：体。うちなーぐちでは「からた」で、濁音にならない。

★**言らってぃ**：言われて。「**言ってぃ**」の方が丁寧。

★**好かん**：好かない、嫌い（⇒ 95）。

30 うれー 何やが？
▶ それは何だ？

A：いぇー、うれー 何やが？

*B：くれー パソコンっし 使いる USBんでぃ 言しやいびーさ。

A：おい、それ、何だ？
*B：これはパソコンで使うUSBっていうものなのよ。

★**うれー**：「**うり**」〈それ〉＋「**〜や**」〈〜は〉の融合した形。

★**くれー**：「**くり**」〈これ〉＋「**〜や**」〈〜は〉の融合した形。

★**〜っし**：〜で。手段を表す。

★**使いる**：すぐ後に名詞が来て、その名詞を修飾する形。←「**使いん**」〈使う〉。

31 何やてぃん 済むさ。

▶ 何でもいいよ。

*A:いぇーたい、今日ぬ 夕飯 何 さびーがやー。

B:何やてぃん 済むさ。

*A:ねえ、今日の夕飯何にする？
B:何でもいいよ。

★夕飯:「夕飯」+「～や」〈～は〉の融合した形。

★さびーがやー: しますかねえ。

★何やてぃん: 何であっても。

32 如何る 事 やが。

▶ どういうことだ。

A:今日ん 遅りーんでぃ 言しぇー 如何る 事 やが。

*B:うー、夜起き っし 寝んじ惚りやびたん。

A:今日も遅刻とはどういうことだ。
*B:はい、つい夜更かしして寝坊しちゃいました。

★遅りーんでぃ 言しぇー: 遅れると言うのは。「～しぇー」は「～し」〈(～する)こと〉+「～や」〈～は〉の融合した形。

★夜起き: 夜更かし。

★寝んじ惚りやびたん: 寝坊しました。「寝んじ惚りゆん」で「眠りほうける」。

CHAPTER 1 17

33 あねー あいびらんどー。

▶ そうじゃないわ。

A：何が いっ達 やっちーや 応返事ぬ 無らんしが、清明や 行かん 肝合る やがやー？

*B：あねー あいびらんどー。今先 返事ぬ あてぃ 行ちゅんでぃ 言ちょーいびーんどー。

　A：なんで君のお兄さん何も言わないの、清明行かないつもりなのかな？
　*B：ううん。今さっき連絡があって、行くんだって言ってるわよ。

★**いっ達**：本来「君たちの」の意だが、単数形の「君の」にもよく用いる。

★**やっちー**：お兄さん、お兄さま。ちなみに「兄ちゃん」は「**あひー**」と言う。

★**応返事ぬ 無らんしが**：返答がないけど。

★**清明**：清明祭。一族が集まって墓参りし、ごちそうなどを備えて供養する行事。

★**肝合**：つもり、意味。

★**あねー あいびらん**：そうではありません。

★**今先**：今しがた、先ほど。

34 うー、分かいびたん。

▶ はい、わかりました。

A：我が 声 聞ちゅたんでぃち 言ち呉りよー。

*B：うー、分かいびたん。

　A：私からよろしくと伝えてくれよ。
　*B：はい、わかりました。

★**声 聞ちゅたんでぃち 言ち呉りよー**：直訳は「声を聞いたと言ってくれよ」。「〜んでぃち」は「〜んでぃ」〈〜と〉＋「**言ち**」〈言って〉の短縮された形。

★**分かいびたん**：わかりました。「**分かやびたん**」の方が少し丁寧。

18　CHAPTER 1

35 如何ん ならん。

▶ どうにもならない。

母：悠々とぅ 小 そーしが 明日や 試験 あらんてぃゐ？
息子：今から 慌てぃてぃん 如何ん ならんよ。

    母：ゆっくりしてるけど、明日試験じゃなかった？
    息子：今さら慌てたってどうしようもないよ。

★悠々とぅ 小：「悠々とぅ」〈のんびりと〉に「〜小」が付くと軽蔑の意が加わって「ずいぶんとのんびりしてるけど」といったニュアンスになる。「〜小」は主に名詞に付き、小さいものやかわいいものを表すこともある。

★試験：「試験」＋「〜や」〈〜は〉の融合した形。

36 如何 さびーがやー。

▶ どうしようかしら。

*A：あいえー、今迄 晴りとーたるむん 雨 降いぎさぬ。如何 さびーがやー。洗濯物 入っとーちゃびーがやー？
B：済むさ。我が 見ちょーちゅくとぅ、汝や 買い物 しーが 行じ来わ。いぇー、やしが ビールん 忘んなよー。

    *A：もう、今まで晴れてたのに雨が降りそう！ どうしようかな。洗濯物取り込んでおこうかな？
    B：いいよ。俺が見てるから、お前は買い物行ってこいよ。おい、でもビール忘んなよ。

★晴りとーたるむん：晴れていたのに。「むん」は「（〜する）のに」の意。

★降いぎさぬ：降りそうで。←「降いぎさん」〈降りそうだ〉。「〜ぎさん」〈〜そうだ、〜ようだ〉は推量を表す。

★入っとーちゃびーがやー：入れておきますかねえ。「入っとーちゃびーん」〈入れておきます〉＋「〜が」〈か〉＋「やー」〈ねえ〉。

★見ちょーちゅくとぅ：見ておくから。「見じゅん」で「見る」。

★買い物 しーが：買い物をしに。

CHAPTER 1   19

37 あいがすら 分からんやー。

▶ そうかもしれないな。

A: 我ん 行会いねー 合図 すしが、直ぐ 面ぶいる すたんどー。

*B: 何がやー、あぬ 事 さーに 沸じてー居いびらに？

A: あいがすら 分からんやー。

A: いつもなら俺に会ったら話しかけんのに、すぐ無視したんだぜ。
*B: なんだろう、あのことで怒ってんじゃないの？
A: そうかもしれないな。

★**行会いねー**: 会うと。「**行会ゆん**」〈会う〉に「〜**ねー**」〈(〜する)と〉が付いた形。

★**合図**: 声をかけること。「**合図 すん**」で「声をかける、呼ぶ」。

★**面ぶい**: 顔を背けること、無視。

★**〜さーに**: 〜で。原因・理由を表す。

★**沸じてー居いびらに**: 怒ってはいませんか。「**沸じゆん**」で「腹を立てる」。

★**あいがすら 分からん**: 直訳すると「あるのかわからない」。

38 御草臥でぃん 障いびらに？

▶ お変わりございませんか？

*A: たん前たい、御草臥でぃん 障いびらに？

B: いー、いー、汝ん 適てぃ 歩っちゅみ？

*A: おじい様、お変わりはございませんか？
B: うん、うん、お前も元気でやってるか？

★**御草臥でぃん 障いびらに**: 直訳すると「お疲れもおありになりませんか」。「**障ゆん**」は「**あん**」〈ある〉の敬語。

★**適てぃ 歩っちゅみ**: 直訳すると「達者で歩くか」。「**適ゆん**」で「元気である」。

20　CHAPTER 1

Chapter 2

喜怒哀楽 フレーズ

「ウケるー!」「びっくりした!」「楽しみだわ!」など、
自分の感情を言葉に表してみよう。
不満や愚痴も、ときには思い切って
口にして、ストレス発散!

39 あきさみよー

▶ あれえっ／わあっ

妻：あきさみよー、うん長（なが）なーなー 呼（ゆ）でぃん 何（ぬー）ん 合図（いぇーじ）ん 無（ねー）ん？

夫：ほーい、何（ぬー） 呼（ゆ）どーたが？

妻：（つぶやいて）何なの、こんなに呼んでも全然返事しないなんて？
夫：（しばらくしてやってきて）おーい、何で呼んでたんだ？

★**あきさみよー**： 喜怒哀楽いずれの場面でも発する言葉。会話例のように呆れたときなどにも使う。同様の言葉に「**あきよー**」「**あっしゃびよー**」「**あいえー**」「**あぎじゃびよー**」などがある。

★**うん長（なが）なーなー**： こんなに長いこと。「何度も呼んだのに！」というニュアンス。

★**合図（いぇーじ）ん 無（ねー）ん**： 返事もない。

★**ほーい**： 男性が応答したり呼びかけるときに発する言葉。

40 したい！

▶ でかした！

*A：うちなーぐちぇー 方言 あいびらん、言語やいびーん。

B：したい！

*A：うちなーぐちは方言ではなく、一つの言語なのです。
B：そうだ！ そうだ！

★**うちなーぐちぇー**：「**うちなーぐち**」＋「**～や**」〈～は〉の融合した形。

★**あいびらん**： ～ではありません。

★**したい**： 日本語の「したり」に当たる語で、よくやった者に対して発する言葉。会話例のように「よく言った！」「その通り！」のニュアンスで使うこともある。

41 にりとーん。

▶ こりごりだ／うんざりだ。

A: 汝(いゃー) 事(くとー) 我(わ)んねー なー にりとーん。どぅく 短気(たんち)ぬ 多(うふ)さぬ。

*B: 我(わ)んにん 御胴(うんじゅ)ぬ 酒癖(さきぐしぇー) にりとーいびーさ。

　A: お前にはもうこりごりだ。しょっちゅう怒ってばっかりで。
　*B: 私もあなたの酒グセにはもうこりごり。

★事(くとー):「事(くとぅ)」〈こと〉+「〜や」〈〜は〉の融合した形。

★にりとーん: 嫌になっている。←「にりゆん」〈嫌になる〉。

★どぅく 短気(たんち)ぬ 多(うふ)さぬ: 直訳すると「あんまり短気が多くて」。

★酒癖(さきぐしぇー):「酒癖(さきぐし)」+「〜や」〈〜は〉の融合した形。

42 嬉(う)っさんどー。

▶ 嬉しいよ。

息子: 吾親(あやー)、期末試験や 組居(くみをぅ)てぃ 3番 ないびたんどー。

母: 汝(いゃー)や あんし 出来(でぃき)やーやてーる。吾親(あやー)や 嬉(う)っさんどー。

　息子: お母さん、期末試験はクラスで3番になりましたよ。
　母: あんたは本当に優秀ね。お母さんは嬉しいよ。

★吾親(あやー): お母さん、お母さま。ちなみに「母ちゃん、母さん」は「あんまー」と言う。

★あんし 〜やてーる: そんなに〜だったなんて。「あんし」〈そんなに、なんと〉の後の動詞や形容詞は通例「〜る」の形で結ぶ。

★出来(でぃき)やー: 秀才。

43 かしまさぬ。

▶ うるさいよ。

A: いぇー、汝や 側から あびーんな。かしまさぬ。

*B: あまがる 悪っさるむん、うり あびらん置ちゃびーみ！

A: おい、お前、そばでがなり立てんなよ、うるさいぞ。
*B: 向こうが悪いのよ、こんなこと黙ってられないわよ。

★**かしまさぬ**: うるさくて。←「かしまさん」〈うるさい〉。
★**悪っさるむん**: 悪いんだもの。「むん」は「(～する) もんだから」の意。
★**あびらん置ちゃびーみ**: 直訳すると「わめかずにおきますか」。

44 恐るさぬ。

▶ 怖いよ。

*A: きっさから 恐るさぬ。ふでぃーや すしが、雨 むさっとぅ 降やびらんやー。

B: あんすくとぅ。今日ぬ 上ちちぇー 如何 なとーがやー。

*A: さっきから怖いわ。稲光はするのに雨はまったく降らないわね。
B: ほんとだね。今日の天気どうなってんだろうね。

★**きっさ**: さっき。
★**恐るさぬ**: 恐ろしくて。←「恐るさん」〈恐ろしい〉。
★**ふでぃー**: 稲光。
★**雨**: 「雨」+「～や」〈～は〉の融合した形。
★**むさっとぅ**: まったく、少しも。
★**上ちちぇー**: 「上ちち」〈天気〉+「～や」〈～は〉の融合した形。

24　CHAPTER 2

45 肝苦さぬ…。

▶ かわいそうに…。

A: ちんぺー 飲でぃん 病むる 値 喉 病むん…。

*B: あいえー、肝苦さぬ…。

　A: つば飲み込んでも痛いくらい、ノドが痛い…。
　*B: まあ、かわいそうに…。

★ちんぺー: つば。

★病むる: すぐ後に名詞が来て、その名詞を修飾する形。←「病むん」〈痛む〉。

★値: くらい、ほど。

★肝苦さぬ: かわいそうで、気の毒で。←「肝苦さん」〈気の毒だ〉。直訳すると「心苦しい」。

46 何やいびーが！

▶ 何なのよ！

A: いぇー。いぇー。おーい。いぇー。

*B: 何やいびーが！ 通ち いぇーいぇー っし。一返ん 呼びーねー 分かいびーさ！

　A: おーい。おーい。おーい。おーい。
　*B: もういい加減にして！ しょっちゅうおいおいって人のこと呼んで。一度呼べばわかるわよ！

★何やいびーが: 何ですか。

★通ち: いつも。

★いぇーいぇー っし: 直訳すると「おいおい、して」。

★一返ん: 一回。ちなみに、「二回」は「二返ん」、「三回」は「三返ん」と言う。

★呼びーねー: 呼んだら。「呼ぶん」〈呼ぶ〉に「〜ねー」〈(〜)したら〉が付いた形。

CHAPTER 2　25

47 面っこー無んさー。

▶ つまらないよ／憂鬱だな。

彼女：雨降い 続ち まーん 行からん、面っこー無んさー。

彼氏：あんすくとぅやー。にり腐りてぃ。

> 彼女：雨が続いてどこも行けないから、なーんか憂鬱になっちゃう。
> 彼氏：そうだな。嫌になっちゃうな。

★行からん： 行けない。
★面っこー無ん： 面白くない。
★にり腐りてぃ： 嫌になって。

---

48 述懐ち無んさー。

▶ 困ったなあ。

A：あいえー、述懐ち無んさー。くぬ 時計んかい 今 買てぃ 来る くぬ 電池 当らんさー。

*B：あんしーねー、御胴、替てぃ めんそーれー。

> A：あーあ、困ったなあ。今買ってきた電池、この時計に合わないよ。
> *B：だったらもう、取り替えてきたら。

★述懐ち無んさー： 困ってしまったなあ。一見「困ってない」という否定の表現に見えるが、そうではなく完了を表す表現。「述懐すん」で「困る」。
★電池：「電池」+「～や」〈～は〉の融合した形。
★あんしーねー： そうしたら。
★御胴：「御胴」〈あなた〉+「～や」〈～は〉の融合した形。「もう」「まったく」のニュアンス。
★めんそーれー： いらっしゃいよ。ちなみに「いらっしゃい」は「めんそーり」となる。

49 いちゃさぬ。

▶ もったいない。

A：いぇー、いちゃさぬ。うり 捨(し)てぃーんちん あみやー！
*B：御胴(うんじょー)、うぬ 雑誌(ざっしぇー) 4年前(ゆにんめー)ぬ 物(むん)る やいびーんどー。

　A：おい、もったいないじゃないか。それを捨てるなんてとんでもない！
*B：もう、この雑誌、4年も前のなんだから。

★いちゃさぬ：もったいなくて。←「いちゃさん」〈もったいない〉。

★〜ちん あみ：(〜する)なんてことがあるか。この「〜ちん」は本来は「〜んちん」だが、前に「捨(し)てぃーん」が付くので「ん」が落ちている。

★雑誌(ざっしぇー)：「雑誌(ざっし)」+「〜や」〈〜は〉の融合した形。

50 嫌(や)ないびらーやー。

▶ けち！

姉：嫌(や)ないびらーやー。うっぴんちょーん 呉(くぃ)らん ばーゐ！

弟：くぬ ケーケー 我(わ)んにんかい。うんみーんかえー あらん どー！

　姉：けち！ それぐらいもくれないの⁉
　弟：このケーキは僕がもらったの！ お姉さんのじゃないんだから！

★嫌(や)な〜：「悪い、いやな」の意を表す接頭辞。

★いびらー：けちん坊。

★うっぴ：それだけ(の量)。

★〜んちょーん：〜さえも。

★ケーケー：「ケーキ」+「〜や」〈〜は〉の融合した形。

★我(わ)んにんかい：私に。

★うんみー：お姉さん、お姉さま。ちなみに「姉ちゃん」は「あばー」と言う。

★〜んかえー：「〜んかい」〈〜に〉+「〜や」〈〜は〉の融合した形。

CHAPTER 2　27

51 懐かさんどーやー。

▶ 悲しいよ。

母：吾親や 汝が うん如 っし 譏し物言 しーねー 懐かさんどーやー…。腐みかんくとぅ 何んち 譏し物言さが 言ちまーに。

息子：吾親さい…。ゲーム っし 遊び欲さたくとぅ 譏し物言さびたん。

> 母：お母さんは、お前がそうやって嘘つくと悲しくてしょうがないよ…。怒らないから、何で嘘ついたか言ってごらん。
> 息子：お母さん…。ゲームしたかったから嘘つきました。

★譏し物言: 嘘をつくこと。「譏し物言 すん」で「嘘をつく」。
★懐かさん: 悲しい。近年は日本語の「懐かしい」の意でも用いることがある。
★腐みかん: 怒らない。「腐みちゅん」〈怒る〉の否定形。
★何んち: なぜ。
★言ちまーに: 言ってごらんよ。
★遊び欲さたくとぅ:「遊び欲さたん」〈遊びたかった〉+「~くとぅ」〈~から〉。「~欲さん」〈(~し)たい〉は動詞に付いて願望を表す。

52 大事 なとーん！

▶ 大変だ！

A：いぇー、大事 なとーん。うぬ 犬よー、また 尿 さるむん！

*B：何、まーやいびーが？ あきさみよー…。

> A：おい、やばいぞ。この犬またおしっこしちゃったよ。
> *B：えっ、どこ？ あーあ…。

★大事 なとーん: 大変なことになっている。

28　CHAPTER 2

53 ゆるっとぅ ないびたんやー。

▶ 安心したわ／ほっとしたわ。

A：飛行機ぬ 時間よ、やがてぃ 掛きおーらんてーさやー。

*B：あんすくとぅ、今ねー ゆるっとぅ ないびたんやー。

　A：飛行機の時間にもう少しで間に合わないとこだったね。
*B：ほんと、これで一安心。

★やがてぃ： もう少しで、あやうく。

★掛きおーらんてーさやー：「掛きおーらんてーん」〈間に合わなかったのだ〉+「～さ」〈よ〉+「やー」〈ねえ、なあ〉。

★今ねー： ようやく。直訳すると「今には」。「～ねー」は「～に」〈～に〉+「～や」〈～は〉の融合した形。

★ゆるっとぅ： ゆるりと、のんびりと。「ゆるっとぅ なたん」で「ほっとした、一安心だ」となる。

54 いきら 嬉っさたがやー。

▶ どんなに喜んだことか。

息子：吾親、行ちゅんどー。

　母：汝ん 大学 卒業 すさやー。大令ぬ めんしぇーねー いきら 嬉っさたがやー…。

　息子：お母さん、行くよ。
　　母：お前も大学卒業するんだね。お父さんが生きてたらどんなに喜んだことか…。

★大令： お父さん、お父さま。ちなみに「父ちゃん」は「主」と言う。

★めんしぇーねー： いらっしゃれば。

★いきら 嬉っさたがやー： どんなに嬉しいだろうね。

55 うぃーりきさる 筈！

▶ 楽しみだわ！

夫：今年 北海道旅行んかい 行ちゅみ。

妻：温泉ぬんかい 入っち、旨さむん 噛でぃ…。うぃーりきさる 筈！

> 夫：今年は北海道旅行でも行くか。
> 妻：温泉入って、おいしいもの食べて…。楽しみ！

★今年：「今年」+「〜や」〈〜は〉の融合した形。

★温泉ぬんかい：「温泉」+「〜んかい」〈〜に〉の融合した形。

★旨さむん：おいしい食べ物。

★噛でぃ：食べて。←「噛むん」〈食べる〉。

★うぃーりきさる 筈：楽しいだろう。「うぃーりきさん」で「楽しい」。

56 とぅくっとぅ なたん。

▶ 気分が落ち着いたよ。

息子：はー、朝から 何ん 物 噛まん、一杯 飢さたしが、今 ねー とぅくっとぅ なたん。

母：あんすかなー 迄 飢さてぃゐ？

> 息子：ふー、朝から何も食べずにすげー腹減ってたけど、ようやく気分が落ち着いたよ。
> 母：そんなにお腹すいてたの？

★はー：はあ、ええ、ああ。苦しいとき、疲れたとき、不満なときなどに発する言葉。

★物：「物」+「〜や」〈〜は〉の融合した形。

★飢さたしが：空腹だったけど。「飢さん」で「空腹である」。

★とぅくっとぅ：(気分が) すっきりと。「とぅくっとぅ なたん」で「気分がすっきりした、落ち着いた」となる。

★あんすかなー 迄：それほどまで。

30　CHAPTER 2

57 何 とぅるばとーいびーが。

▶ どうしたの、しょんぼりしちゃって。

*A:何 とぅるばとーいびーが、何がな あいる さびてぃゐ？
B:また 仕事んじ しー破てぃよー…。

*A: どうしたの、しょんぼりしちゃって、何かあったの？
B: また仕事でミスしちゃってさー…。

★何 とぅるばとーいびーが: 何をしょんぼりしているのですか。「とぅるばゆん」は普通「ぼんやりする、ぽかんとする」の意。

★何がな: 何か。

★あいる さびてぃゐ:「あいびーてぃゐ」〈ありましたか〉を強調した言い方。

★しー破てぃ: しそこなって。「破じゅん」で「(〜し) そこなう」。

58 世話 そーたさ。

▶ 心配してたんだよ。

母:綺麗ん 小 そーるむんなー。汝が 胴一人 暮らすんでぃちゃくとぅ 吾親や 世話 そーたさ。今ねー ゆるっとぅ なたん。

息子:吾親さい、我んねー 昔から 綺麗ん好ちやたし 忘やびてぃゐ？

母: きちんとお掃除が行き届いているようね。お前が一人で暮らすって言ったから、お母さん心配だったのよ。これで一安心だわ。
息子: お母さん、俺が昔から綺麗好きだったの忘れちゃったの？

★綺麗ん 小 そーるむんなー: 綺麗にしているのね。

★胴一人: 自分ひとり。

★暮らすんでぃちゃくとぅ:「暮らすん」〈暮らす〉+「〜んでぃ」〈〜と〉+「言ちゃん」〈言った〉+「〜くとぅ」〈〜から〉。

★世話: 心配。

59 好かん さりやびーんどーやー。

▶ 嫌われちゃうのよね。

*A: あれー 通ち っ人ぬ 嫌な事 びけーい 言くとぅ、好かん さりやびーんどーやー。

B: 我んにんかいん っ人ぬ 嫌な口 すたんどー。

*A: 彼女、いつも人のこと悪く言うから嫌われちゃうのよね。
B: 俺にも人の悪口言ってたぞ。

★あれー: 「あり」〈彼女〉+「〜や」〈〜は〉の融合した形。

★嫌な事: 悪いこと。

★〜びけーい: 〜ばかり。

★さりやびーんどーやー: されるんですよね。

★我んにんかいん: 私にも。

★嫌な口: 悪口。

60 あんし 旨さ物やる！

▶ おいしいー！

A: 何、あんし うぃーりきさぎさ っし。何 噛どーが？

*B: くぬ 旨さる プリン 食上がてぃ見じみそーれー。あんし 旨さ物やる！

A: なんでそんな嬉しそうにしてんの。何食べてんの？
*B: このプリンおいしいから食べてみて。もうホントおいしいー！

★うぃーりきさぎさ っし: 嬉しそうにして。「うぃーりきさん」で「嬉しい」。

★旨さる プリン: おいしいプリン。「旨さる」はすぐ後に来る名詞を修飾する形。←「旨さん」〈おいしい〉。

★食上がてぃ見じみそーれー: 召し上がってみてくださいよ (⇒ 151)。「食上がゆん」で「召し上がる」。

★あんし 旨さ物やる: なんておいしい食べ物だろう。

32　CHAPTER 2

61 あんし をぅかさる！

▶ ウケるー！

A：手品 見したくとぅ うんめーぬ 嬉っさ しみそーち、入れ歯ぬ 脱ぎてぃ無らん。あん なたくとぅ 手品どぅくろー あらん、大騒じ なてぃよー。

*B：本当ぬ 話 やいびーんなー？ あんし をぅかさる！

> A：マジック見せてたら、おばあさん喜んじゃって、入れ歯が抜けちゃってさ。そしたらマジックどころじゃない大騒ぎになっちゃってさ。
> *B：ホントの話なの？ ウケるー！

★見したくとぅ： 見せたら。「見したん」〈見せた〉＋「～くとぅ」〈(～する)と〉。

★うんめー： おばあさん、おばあ様。ちなみに「ばあちゃん、ばば」は「はーめー」と言う。

★嬉っさ しみそーち： お喜びになって。「嬉っさ すん」で「喜ぶ」。

★脱ぎてぃ無らん： 抜けてしまった。

★～どぅくろー あらん： ～どころではない。「～どぅくろー」は「～どぅくる」〈～どころ〉＋「～や」〈～は〉の融合した形。

★あんし をぅかさる： なんておかしいんだろう。「をぅかさん」で「おかしい」。

62 目 ふぁーふぁー なとーんでー。

▶ がっくりきちゃってるらしいよ。

A：いぇー、あぬ 新垣さんよー、株っし うどぅきてぃ 目 ふぁーふぁー なとーんでー。

*B：誰？ あぬ 新垣さんがなーたい？

> A：なあ、あの新垣さんさー、株で損してがっくりきちゃってるらしいよ。
> *B：えっ誰？ あの新垣さんが？

★うどぅきてぃ： 損して。←「うどぅきゆん」〈損する〉。

★目 ふぁーふぁー： 羞恥心や失望で頭が真っ白な状態。

CHAPTER 2　33

63 っ人 魂 ぬがち！

▶ びっくりした！

*A: あきさみよー、御胴！っ人 魂 ぬがち、腰から 声 掛きーんちん あいびーみ！

B: うっぴ小ぬ 事っし 驚ちゅんなー。嫌なしかー小。

*A: きゃー！ もう、びっくりした！ 後ろから声かけるなんて何考えてんのよ！
B: なんだよ、こんなことくらいで驚くなんて、まったく臆病だな。

★っ人 魂 ぬがち: 人をびっくりさせて。

★〜ちん あいびーみ: (〜する) なんてことがありますか。

★うっぴ小:「うっぴ」〈それだけ〉に「〜小」が付くと軽蔑の意が加わって「たったそれだけ」といったニュアンスになる (⇒ 35)。

★驚 ちゅんなー: 驚くのか。

★しかー: 臆病者。

64 また うぬ 話 やいびーみ？

▶ またその話？

A: あれー 部長 売子者 なてぃ。部長んかい ちゃー褒みらりー。

*B: また うぬ 話 やいびーみ？ 我んねー にりとーいびーんどー。

A: あいつ、部長にお世辞ばっかり。だから部長に褒められまくっててさ。
*B: またその話？ 面倒くさいわね。

★あれー:「あり」〈彼〉+「〜や」〈〜は〉の融合した形。

★売子者 なてぃ: おべっか使いになって。

★ちゃー褒みらりー: いつも褒められどおし。

★にりとーいびーん: うんざりしています (⇒ 41)。

34 CHAPTER 2

65 っ人 弦垂い しみてぃ。

▶ がっかりだ。

*A：御胴、あったに 旅ぬ 行からんでぃち っ人 弦垂い しみてぃ。

B：くねーてぃ呉れー。会社ぬ あったに 忙しく なてぃ 我が 居らんでーならん なとーん。

*A：まったくー、急に旅行キャンセルなんてがっかり。
B：ごめんね。会社が急に忙しくなっちゃってさ、俺がいなきゃできない仕事なんだよ。

★あったに：急に、いきなり。
★行からんでぃち：行かれないと言って。
★っ人 弦垂い しみてぃ：人を失望させて。
★くねーてぃ呉れー：我慢してくれ。「くねーゆん」で「我慢する」。
★居らんでーならん なとーん：居なければならなくなっている。

66 沸じ沸じー っし ないびらんさー。

▶ ホント頭きちゃう。

*A：沸じ沸じー っし ないびらんさー。また 山猫ぬ ベランダんかい 入りんちょーいびーんでー。

B：なー ペットボトルんかい 水 入ってぃ 立てぃとーけー。

*A：ホント頭きちゃう。また野良猫がベランダに入って来ちゃったのよ。
B：それじゃあ、ペットボトルに水入れて立てとけよ。

★沸じ沸じー っし ないびらん：腹が立ってなりません。「沸じ沸じー」は怒りがこみ上げるさまを表す表現。
★山猫：野良猫。
★入りんちょーいびーんでー：入り込んでいますよ。

67 なー 恥かさぬ 防がらん。

▶ 超恥ずかしかった。

妻：きっさ スーパーぬ レジ居てぃ 卵 落とぅち けー割てぃ無らん。なー 恥かさぬ 防がらん。

夫：汝や 通ち うんな しー破じ 事ぬ 多さぬ。

妻：さっきスーパーのレジで卵落として割っちゃってさー。超恥ずかしかったー。
夫：お前はいつもそんな失敗ばっかりだよな。

★けー〜：動詞に付いて「ちょっと〜する、〜しちゃう」などの意を表す接頭辞。例：「けー取ゆん」〈取っちゃう〉。

★割てぃ無らん：割ってしまった。

★恥かさぬ 防がらん：恥ずかしくてたまらない。

★しー破じ 事 ぬ 多さぬ：直訳すると「しそこなったことが多くて」。

68 一杯 嬉っさ そーんやー。

▶ とっても喜んでるね。

息子：大令や 我っ達 童 見ち 一杯 嬉っさ そーんやー。

母：やんどー。初孫 見してぃ呉てぃ 吾親ん 嬉っささ。

息子：お父さんはうちの子見てとっても喜んでるね。
母：そうよ。初孫見せてくれてお母さんも嬉しいわ。

★我っ達：私たちの、うちの。

★嬉っさ そーん：喜んでいる。

★やんどー：〜であるんだぞ、そうだよ。

36　CHAPTER 2

69 通ち 親んかい 害っし！

▶ いつも親に反抗ばっかりして！

妻：くぬ 童、親ぬ 言しん 聞かん、通ち 親んかい 害っし！

夫：何が、うぬ 童 何んでぃ 言たが。

> 妻：この子は、親の言うことも聞かないんだから、いつも親に反抗ばっかりして！
> 夫：どうした、こいつが何て言ったんだ。

★ 童：「童」〈子ども〉+「〜や」〈〜は〉の融合した形。

★〜んかい：〜に。行為の対象を表す。

★害っし：反抗して。←「害すん」〈反抗する〉。

★ 童：ガキ。「童」〈子ども〉を卑しめて言う言葉。

70 いぇー、うん 如んちん あがやー 先じ！

▶ こんなことってあるかしら、もう！

妻：あいえー、うぬ 童ぬ さる 事よー！いぇー、うん 如んちん あがやー 先じ！

夫：何が、何 さる ばーが？

> 妻：まあ、この子ったらなんてことしてくれたの！ こんなことってあるかしら、もう！
> 夫：なんだ、どうしたんだ？

★うぬ 童ぬ さる 事よー：この子がしたことったら。

★〜んちん あがやー：〜ってことがあるかねえ。

★何 さる ばーが：直訳すると「何をしたわけか」。

Chapter 3

日常生活 フレーズ

体調、天気、家庭生活など、
日々の暮らしや身の回りのことに関する
様々なフレーズを集めました。

71 闘いる っしゐ?

▶ 喧嘩したの?

A: 何が、いっ達や 闘いる っしゐ?

*B: 我んとぅ 涼子が? 何ん 闘やびらんよ。

A: 何、お前たち喧嘩したの?
*B: 私と涼子が? 何も喧嘩してないわよ。

★いっ達: お前たち。
★闘いる っしゐ:「闘てぃゐ」〈喧嘩したか〉を強調した言い方。

72 まーんじぬ 事故やたが?

▶ どこで事故があったの?

A: まーんじぬ 事故やたが?

*B: 腰ぬ 道ぬ あじまー居てぃやいびーさ。

A: どこで事故があったの?
*B: すぐ後ろの交差点よ。

★まーんじぬ 事故やたが: 直訳すると「どこでの事故であったか」。
★あじまー: 交差点。本来は「交差したもの」の意。

73 いふぇー まどーちょーみ?

▶ 少し時間ある?

母: 如何が、いふぇー まどーちょーみ? 吾親 手適 っし 呉らに?

息子: をぅーをぅー、未だ 忙 さくとぅ ならん。

> 母: どう、少し時間ある? お母さんの手伝いしてくれない?
> 息子: ううん、まだ忙しいからダーメ。

★ いふぇー:「いふぃ」〈少し〉+「〜や」〈〜は〉の融合した形。

★ まどーちょーみ: 暇ができているか。「まどーちゅん」で「暇ができる」。

★ 手適: 手伝い。

★ 呉らに:(〜して)くれないか。

★ ならん: できない、だめ、ムリ。

74 長 行会てー居いびらんでー。

▶ しばらく会ってないのよ。

A: 汝 同士ぬ 結衣とぅ 行会たんどー。

*B: まー居てぃやいびーたが? 結衣とー 長 行会てー居いびらんでー。

> A: 君の友達の結衣と会ったよ。
> *B: どこで? 結衣とはしばらく会ってないのよ。

★ まー居てぃやいびーたが: どででしたか。

★ 結衣とー: 結衣とは。「〜とー」は「〜とぅ」〈〜と〉+「〜や」〈〜は〉の融合した形。

★ 長: 長い間。

★ 行会てー居いびらん: 会っていません。「行会とーいびーん」〈会っています〉の否定形。

75 味 っし呉みそーらに？

▶ 味見してくれない？

*A：くぬ チャンプルー、いふぇー 味 っし呉みそーらに？

B：だー、あんしぇー。あいえー、ゆかい 塩強く なとーんでー。

*A：このチャンプルー、ちょっと味見してくれない？
B：え？ うん。あーあ、かなり塩辛くなっちゃってるよ。

★**いふぇー**：「**いふぃ**」〈少し〉＋「**～や**」〈～は〉の融合した形。
★**味**：味見。「**味 すん**」で「味見する」。
★**ゆかい**：かなり、相当。
★**塩強く**：塩辛く。←「**塩強さん**」〈塩辛い〉。

76 ふーる 行じ来びら。

▶ 便所行ってきまーす。

*A：ふーる 行じ来びら。

B：いぇー、女ぬ っ人ぬ 前んじぇー 手水んでぃ 言ち呉れー。

*A：便所行ってきまーす。
B：おいおい、女性は人前ではお手洗いと言ってくれよ。

★**ふーる**：便所。昔の便所は豚小屋の中にあり、「**うゎーふーる**」〈豚便所〉と呼ばれた。
★**前んじぇー**：前では。「**～んじぇー**」は「**～んじ**」〈～で〉＋「**～や**」〈～は〉の融合した形。
★**手水**：お手洗い。トイレを指す上品な言い方。

42　CHAPTER 3

77 渋い腹 なとーいびーんでー。

▶ お腹の調子が悪いのよ。

A: 何が 腹 押すてぃ、病みる するゐ？

*B: 何がやら、渋い腹 なとーいびーんでー。

A: なんでお腹押さえたりして、痛むの？
*B: なんでだろう、お腹の調子が悪いのよ。

★病みる するゐ: 「病でぃゐ」〈痛むか〉を強調した言い方。
★渋い腹: 下痢の一種。

78 何んでぃ 言たが？

▶ 何て言ったっけ？／何て言ってたんだ？

A: あぬ むっちゃいくゎったい そーる 大和ぬ 噛み物、あれー 何んでぃ 言たが？

*B: 何やいびーが。御胴ぬ 言ちょーしぇー 納豆なーたい？

A: あのねばねばしたヤマトの食べ物、あれ何て言ったっけ？
*B: 何なの。あなたの言ってんのは納豆のこと？

★むっちゃいくゎったい: べとつくさまを表す。
★噛み物: 食べ物。
★あれー: 「あり」〈あれ〉+「〜や」〈〜は〉の融合した形。
★言ちょーしぇー: 言っているものは。「〜しぇー」は「〜し」〈(〜する) もの〉+「〜や」〈〜は〉の融合した形。

CHAPTER 3   43

79 何時ぬ 事 やいびーがたい？

▶ いつのことなの？

A：あぬ 芝居しーぬ 目ん玉 金城んでぃち 居しぇー。あれー 居らん なたんでぃろー。

*B：ふー、何時ぬ 事 やいびーがたい？

> A：あのうちなー芝居役者の目ん玉 金城っているじゃない。あの人亡くなったんだって。
> *B：えー、それ、いつのことなの？

★芝居しー: 役者。

★居しぇー: いるでしょ。「居ん」で「いる」。

★居らん なたん: いなくなった。

★ろー: だぞ、よ。強調を表す。「どー」とも言う。

★ふー: 年上に呼ばれたときの応答。承諾・肯定を表す応答は「うー」（⇒ 1 ）。

80 テレビんじ そーいびーたしが

▶ テレビでやってたけど

*A：テレビんじ そーいびーたしが、男やかー 女がる 並みてぃ 長命やいびーんでぃ。

B：ゑー、あんすくとぅる 汝や 餓鬼猫 やてーさ。

> *A：テレビでやってたけど、男性より女性の方が平均寿命長いんですって。
> B：ほう、だから君は食いしん坊なんだよ。

★〜やかー:「〜やか」〈〜より〉＋「〜や」〈〜は〉の融合した形。

★並みてぃ: 平均して。

★餓鬼猫: 食いしん坊。

★やてーさ: 〜であったんだよ。

81 何 増しやいびーが？

▶ 何が好きですか？

A: 嘉手苅さんかい「御胴 魚 何 増しやいびーが？」んでぃ ち 問 たくとぅ、何んでぃち 答 たんでぃち 思いが？

*B: 何んでぃち 答 やびたが？

A: 豆腐んでぃ（笑）

> A: 嘉手苅さんに「あなたは魚は何が好きですか？」って聞いたら、何て答えたと思う？
> *B: 何て答えたの？
> A: 豆腐だってさ（笑）

★御胴：「御胴」〈あなた〉+「〜や」〈〜は〉の融合した形。
★魚：「魚」+「〜や」〈〜は〉の融合した形。
★何 増しやいびーが：直訳すると「何がましですか」。
★問 たくとぅ：聞いたら。「問 ゆん」で「尋ねる」。
★答 やびたが：答えましたか。「答 ゆん」で「答える」。

82 如何 っし 書ちゅたが？

▶ どうやって書いたっけ？

A: いぇー、我っ達 孫 ぬ 名や 如何 っし 書ちゅたが？

*B: だー、我 書ち取らさびーさ。

> A: なあ、うちの孫の名前どうやって書いたっけ？
> *B: じゃあ、私が書いてあげるわ。

★取らさびーさ：（〜して）あげますよ。「取らすん」で「（〜して）やる」。

CHAPTER 3 45

83 をぅってぃーや 家んかい 居てぃゐ?

▶ おとといは家にいたの?

A: をぅってぃーや 家んかい 居てぃゐ?

*B: んーんー、同士ぬ 家んかい 居いびーたんどー。

　A: おとといは家にいたの?
　*B: ううん、友達んちにいたのよ。

★ **をぅってぃー**: おととい。
★ **居てぃゐ**: いたか。
★ **んーんー**: ううん、いや。親しい人や年下に対する否定・拒否の返事。
★ **居いびーたん**: いました。

84 何 胴一人物言 そーが?

▶ 何をひとりごと言ってんだ?

A: いぇー、うんまんじ 何 胴一人物言 そーが?

*B: 電話。

　A: おいっ、そこで何ひとりごと言ってんだ?
　*B: (小声で) 電話なの。

★ **うんま**: そこ。
★ **胴一人物言**: ひとりごと。「胴一人物言 すん」で「ひとりごとを言う」となる。

85 今日や 何日 なとーたが？

▶ 今日は何日だったっけ？

A: うちなーぬ 暦 今日や 何日 なとーたが？
*B: 今日から 七月んかい 入っちょーいびーんどー。

A: 今日は旧暦の何日だったっけ？
*B: 今日から7月よ。

★ 暦：「暦」＋「〜や」〈〜は〉の融合した形。「うちなーぬ 暦」〈沖縄の暦〉とは旧暦のこと。
★何日 なとーたが： 何日になっていたか。
★入っちょーいびーん： 入っています。

86 雨ぬ くま迄 来びらんがやー？

▶ 雨がここまで来るんじゃないかしら？

A: いぇー、見ちまー、片降い そーんでー。
*B: 雨ぬ くま迄 来びらんがやー？

A: おい、見てみろよ、「片降い」だぞ。
*B: 雨がここまで来るんじゃないかな？

★見ちまー： 見てみろ。
★片降い： 片方は晴れているのにもう片方では降る、局地的な夏の雨のこと。
★来びらんがやー： 来ませんかねえ。

87 外ん 冷さる あくとぅ。

▶ 外は寒いからね。

*A：うん 如 嫌な 上ちち ないねー、今日ぬ 催しぇー ないびらんさー。

B：あんやさやー。外ん 冷さる あくとぅ。

*A：こんな悪い天気になったら、今日のイベントはできないわ。
B：そうだな。外は寒いしね。

★嫌な 上ちち: 悪い天気、悪天候。
★催しぇー:「催し」+「〜や」〈〜は〉の融合した形。
★冷さ: 寒さ。「〜る」〈こそ〉が付いて強調されている。
★あくとぅ: あるから。

88 何がな あいる さびたがやー。

▶ 何かあったのかしら。

A：あまぬ たん前や 一杯 がんどぅとーんやー。

*B：あんさびーくとぅ、何がな あいる さびたがやー。くじゅ 迄 頑丈さいびーてーるむん。

A：あそこのおじいさん、すっかり弱っちゃったね。
*B：ほんと、何があったのかな。去年までは元気だったのにね。

★がんどぅとーん: 弱っている。←「がんどぅゆん」〈弱る、元気をなくす〉。
★あいる さびたがやー: あったんですかねえ。
★くじゅ: 去年。
★〜迄:「〜迄」+「〜や」〈〜は〉の融合した形。
★頑丈さいびーてーるむん: 元気でしたのに。「頑丈さん」で「元気である」。

48　CHAPTER 3

89 あんし 如何(ちゃー) ないびたが？

▶ その後どうなったの？

A：いぇー、うぬ 前(めー)ぬ 道(みち)よ、うんまんじ 女(ゐなぐ)ぬ あきさみよー そーたくとぅ 見(ん)ちゃれー、まぎハブぬ 居(をぅ)たっさー。

*B：あきさみよー！ あんし 如何(ちゃー) ないびたが？

　A：なあ、そこの前の道だけどさ、そこで女の人が悲鳴あげててさ、何だろうって見たら、デカいハブがいてさー。
　*B：えーーー！ その後どうなったの？

★あきさみよー そーたくとぅ：悲鳴をあげていたから。「あきさみよー すん」で「悲鳴をあげる」。

★見(ん)ちゃれー：見たら。

★まぎハブ：大きいハブ。「まぎ〜」は大きいことを表す接頭辞。

90 なー 家(やー)かい 戻(むどぅ)ら。

▶ もう家に帰ろう。

*A：御胴(うんじょー)、夜(ゆる)ぬ 仕事(しぐとぅ) そーいびーくとぅ、かんし 真膨(まふ)っくわ 外(ふか) 歩(あ)っちーねー 苦(く)ちさいびーらやー？

B：あんすくとぅ、なー 家(やー)かい 戻(むどぅ)ら。

　*A：あなた、夜の仕事してるから、こんな暑い真昼に外歩いたらきついんじゃない？
　B：ほんとだよ、もう家に帰ろう。

★真膨(まふ)っくわ：夏の真っ昼間。

★苦(く)ちさいびーらやー：苦しいでしょうねえ。「苦(く)ちさん」で「苦しい、つらい」。

★〜かい：〜へ。目的地を表す。

★戻(むどぅ)ら：戻ろう。←「戻(むどぅ)ゆん」〈戻る〉。

CHAPTER 3　49

91 御胴 直ぐ 逆上しやびーくとぅやーたい。

▶ あなたってすぐ緊張しちゃうのよね。

A：皆ぬ 前んじ 話 っし呉りんでぃち 言ったくとぅ、なー ふとぅふとぅー っしよー…。

*B：御胴 直ぐ 逆上しやびーくとぅやーたい。

A：みんなの前で話してくれって言われて、もうぶるぶる震えちゃってさー…。
*B：あなたってすぐ緊張しちゃうのよね。

★**言ったくとぅ**：言われたから。

★**ふとぅふとぅー**：ぶるぶる。寒さ・怒り・恐怖などで震えるさま。

★**逆上しやびーくとぅ**：直訳すると「のぼせますから」。「逆上しゆん」は「頭が熱く痛くなる」の意で、ここでは緊張などで頭がぼうっとすることを指す。

92 一けー 隣 びれー すしん 難儀やー。

▶ 近所付き合いも大変だなあ。

*A：昨日 近所ぬ 揃 行じゃれー、女んちゃーや 通ち っ人ぬ ごー口びけーい。なー 我んねー 行ち欲しこー無びらんでー。

B：汝ん 一けー 隣 びれー すしん 難儀やー。

*A：昨日、近所の集まりに行ったら、女の人たちはずっと人の文句ばっかり。もう私行きたくないわ。
B：お前も近所付き合いするの大変だなあ。

★**揃**：集まり、集会。

★**女んちゃー**：女性たち。「〜ちゃー」〈〜たち〉は前に「〜ん」を必ず付けるが、「〜ぬ」の方が丁寧。

★**ごー口**：苦情、不満を言うこと。

★**一けー 隣 びれー**：隣近所付き合い。

★**すしん**：するのも。「すん」〈する〉＋「〜し」〈（〜する）こと〉＋「〜ん」〈〜も〉。

50　CHAPTER 3

Chapter 4

意見・主張 フレーズ

自分の考えを述べて自己主張するのは、
とても大切なこと。
意見や感想、評価などを伝える表現を身につけよう。

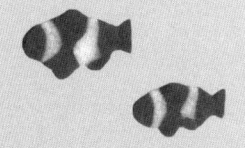

93 胴易物やさ。

▶ 余裕だよ。

*A：あんし 忙されー、イタリア旅行 止みやびーみ。うぬ 代わい 八重山んかい 2泊3日 如何やいびーが？

B：うりやれー 胴易物やさ。直ぐ ないんどー。

*A：そんな忙しいんならイタリア旅行やめようか。その代わり八重山に2泊3日ならどうなの？
B：それなら余裕だよ。すぐ行けるよ。

★2泊3日：「2泊3日」+「〜や」〈〜は〉の融合した形。

★うりやれー： それであれば。

★胴易物： 簡単なこと。

★直ぐ ないんどー： すぐできるよ。

94 待っちょーきよー。

▶ 待ってなさい。

*A：あいつ、大令！ あぬよーたい、くり 学校居てぃ 作てぃ来 しやいびーしがてー…。

B：だー、今 戻てぃっ来 ちゃーきやくとぅ、待っちょーきよー。

*A：あっお父さん！ あのね、これ学校で作って来たものなのね…。
B：ちょっと、今帰って来たばっかりだから、待ってなさい。

★やいびーしがてー： 〜ですがね。

★ちゃーき： すぐ。「戻てぃっ来 ちゃーき」で「戻ってきてすぐ」。

★待っちょーきよー： 待っておけよ。

52　CHAPTER 4

95 好かん！

▶ 嫌い！

息子：我んねー うんな 得り物 好かん！

母：いぇー、汝や 吾親が 如何っさ 難儀くんじっ っし 働ちょーんち 分かいみ。うんな 物言方 さりーねー、吾親や 懐かさんどー。

> 息子：僕、こんなおもちゃ嫌い！
> 母：ねえ、あんたはお母さんがどんなに苦労して働いているのかわからないのね。そんなこと言われたらお母さん悲しいよ。

★得り物：「得り物」〈おもちゃ〉+「〜や」〈〜は〉の融合した形。

★好かん：好かない、嫌い。「好ちゅん」〈好く〉の否定形。

★如何っさ：どれほど。

★難儀くんじ：たくさんの苦労。「くんじ」には意味はなく、「難儀」〈苦労〉を強調するため付け足した語。

★分かいみ：わかるか。

★うんな 物言方 さりーねー：そんな物の言い方をされたら。

96 胴 冷じゅやーやくとぅ

▶ 冷え性だから

弟：うぬ 暑さる 時に うん 如 熱こーこー 飲むんなー？

姉：我んねー 胴 冷じゅやーやくとぅ、夏ぬ 節から くめーきとーん。

> 弟：この暑いのにこんな熱いの飲むの？
> 姉：あたしは冷え性だから、夏でも気をつけなきゃいけないの。

★熱こーこー：できたてで湯気が立っているさま。

★胴 冷じゅやー：冷え性の人。

★くめーきとーん：細心の注意を払っている。

97 肩 みみじゃびら。

▶ 肩をもみましょう。

*A：たん前たい、肩 みみじゃびら。

B：ふーん、我っ達 孫 良っ子やー。

*A：おじいちゃん、肩もみましょう。
B：うん、うちの孫はお利口さんだ。

★**みみじゃびら:** もみましょう。「みみじゅん」で「もむ」。

★**ふーん:** 年下に応答するときに発する言葉。感心したときに発する、日本語の「ふうん」とは発音が違う。

★ **孫 :**「孫 」+「〜や」〈〜は〉の融合した形。

98 我が っし取らすさ。

▶ 俺がやってやるよ。

*A：うぬ ペットボトルぬ ラベルよー、あんし 剥じ苦さぬ！

B：だー、我が っし取らすさ。

*A：このペットボトルのラベル、こんなに剥がしにくいなんて！
B：ほら、俺がやってやるよ。

★**剥じ苦さぬ:** 剥がしにくくて。「〜苦さん」で「(〜し) にくい」の意。
★**っし取らすさ:** してやるよ。

99 正物(そーむのー) くりやいびーん。

▶ 本物はこれです。

*A：正物(そーむのー) くりやいびーん。

B：あはー、くりどぅ やいびーてぃゐ？ 絶版 ないびたしぇー。

　*A：本物はこれです。
　 B：ああ、これでしたか。絶版になったのは。

★正物(そーむのー):「正物(そーむん)」〈本物〉+「〜や」〈〜は〉の融合した形。

100 あまんかい 隠(くゎ)っくぃら！

▶ あそこで雨宿りしよう！

A：いぇー、雨(あみ) 降(ふ)とーんどー。あまんかい 隠(くゎ)っくぃら！

*B：御胴(うんじょー)、走(はー)えーぬ どぅく 早(ふぇー) さぬ。待(ま)っちょーちみそーれー。

　A：おい、雨降ってきたぞー。あそこで雨宿りしよう！
　*B：ちょっと、走るの速すぎ！ 待ってよ。

★降(ふ)とーん: 降っている。

★隠(くゎ)っくぃら: 雨宿りしよう。←「隠(くゎ)っくぃゆん」〈雨宿りする〉。

★御胴(うんじょー):「御胴(うんじゅ)」〈あなた〉+「〜や」〈〜は〉の融合した形。「もう」「まったく」のニュアンス。

★走(はー)えー: 走ること。

★どぅく: あまりに。

★早(ふぇー) さぬ: 速くて。←「早(ふぇー) さん」〈早い、速い〉。

★待(ま)っちょーちみそーれー: 待っておいてくださいよ。

101 何んでぃ 言ちんよーさい

▶ とにかく

A：何んでぃ 言ちんよーさい、今日迄 なとーくとぅ。

*B：今日居てぃ 払んでーないびらに？

　A：とにかく、今日までとなっています。
　*B：どうしても今日払わなくちゃいけないんですか？

★何んでぃ 言ちんよーさい：直訳すると「何と言ってもですよ」。「さい」は、男性が年上に話しかけるときなどに語末や文末に付ける敬語。女性が使う場合は「たい」を付ける。

★払んでーないびらに：払わなくてはなりませんか。

102 腹 減ならちからやー。

▶ お腹をすかせてからね。

*A：御胴、夕飯 何時頃 食上がいびーが？

B：待っちょーきよー。いふぇー ウォーキングんでー っし、腹 減ならちからやー。

　*A：ねえ、夕飯何時頃にする？
　B：待ってくれよ。少しウォーキングでもしてお腹すかせてからね。

★夕飯：「夕飯」+「〜や」〈〜は〉の融合した形。

★食上がいびーが：召し上がりますか。

★いふぇー：「いふぃ」〈少し〉+「〜や」〈〜は〉の融合した形。

★〜んでー：〜でも、〜など。

★減ならち：減らして。←「減ならすん」〈減らす〉。

56　CHAPTER 4

103 くりかーやたる 筈やしがや。

▶ この辺だったと思うんだけどな。

A: はいよー、くりかーやたる 筈やしがや。

*B: あはー、地図 見じーねー、なー 走い越てぃる 居いびーんでー。

　A: あれ、この辺だったと思うんだけどな。
　*B: あら、地図見たらもう通り過ぎちゃってるわ。

★**はいよー:** あれ。驚いたり不審に思うときに発する言葉。
★**見じーねー:** 見ると。「見じゅん」〈見る〉に「～ねー」〈（～する）と〉が付いた形。
★**走い越てぃ:** 通り過ぎて。←「走い越ゆん」〈通り過ぎる〉。

104 やがまさぬ 寝んだらんしが。

▶ うるさくて寝れないんだけど。

A: 隣ぬ っ人よ、夜中から 騒じ、やがまさぬ 寝んだらんしが。

*B: 土曜日 ないねー、ちゃー うん如 やいびーんよ。

　A: 隣の人さー、夜中に騒いで、うるさくて寝れないんだけど。
　*B: 土曜日になるといつもこうよ。

★**やがまさぬ:** やかましくて。←「やがまさん」〈やかましい〉。
★**寝んだらん:** 寝られない。「寝んじゅん」で「寝る」。
★**ちゃー:** いつも。

105 歩っちがちー 外さりーんよ。

▶ 仕事してれば直っちゃうよ。

*A：御胴、未だ 鼻しちやいびーるむん、仕事 っし 支 無やびらに？

B：うっぴ 小ぬ 鼻しちやるむん。歩っちがちー 外さりーんよ。

*A：あなた、まだ風邪ひいてるのに、お仕事して大丈夫なの？
B：こんな風邪くらい。仕事してれば直っちゃうよ。

★**鼻しち**：風邪。「**鼻ひち**」ともいう。
★**支**：支え、差し支え。「**支 無やびらに**」で「差し支えはありませんか」。
★**歩っちがちー 外さりーん**：仕事をしながら治せる。直訳すると「歩きながら外せる」。「〜がちー」は動詞に付いて「(〜し)ながら」の意を表す接尾辞。

106 如何っさ 自慢なーやくとぅ。

▶ 自慢たらたらなのよ。

彼女：ありとー なー 話ん しー欲しくん無ん。通ち 胴ぬ 事びけーい 言ち、如何っさ 自慢なーやくとぅ。

彼氏：あんやてぃゐ。

彼女：彼女とはもう話もしたくないわ。いつも自分のことばっかり言って、自慢たらたらなのよ。
彼氏：そうなんだ。

★**しー欲しくん無ん**：したくもない。
★**胴**：自分。
★**如何っさ 〜やくとぅ**：直訳すると「どれほど〜だから」。
★**自慢なー**：自慢屋。

58 CHAPTER 4

107 うぬまーま 置ちきてーいびーるむんぬ。

▶ 置きっぱなしなんだもの。

A: 汝や、あれー 大切な 新聞る やてーるむん、捨てぃーんちん あみ！

*B: 大令や 読でぃ ふーるんかい うぬまーま 置ちきてーいびーるむんぬ。あんさびーくとぅる 捨てぃやびたんどー。

　A: お前、あれは大切な新聞なんだぞ、捨てる奴があるか！
　*B: お父さんは読んだらトイレにそのまま置きっぱなしなんだもん。だから捨てたのよ。

★置ちきてーいびーるむんぬ: 置いてあるんですもの。「置ちきゆん」で「置く」。

108 汝ん 良 気張とーさ。

▶ お前もよく頑張ってるよ。

*A: 大令、テストや 70点やいびーたん。

B: 70点…。ふーん、やしが 半分やか 上 やしぇー。汝ん 良 気張とーさ。

　*A: お父さん、テストは70点だったのよ。
　B: 70点…。うん、でも半分よりは上だよね。お前もよく頑張ってるよ。

★〜やか: 〜より。比較の基準を表す。
★上 やしぇー: 上だろう。
★気張とーさ: 頑張ってるよ。「気張ゆん」で「頑張る」。なお、甲子園の応援でよく聞かれる「気張りよー」は「頑張れよ」の意。また、「頑張ります」の意では「気張いびーん」と言う。

CHAPTER 4　59

109 我んにん 手適 すさ。

▶ 俺も手伝うよ。

*A：あきよー、打ち雨 っし、畳ぬ 諸 ばた なとーいびーさ！
B：だー、あんしぇー 我んにん すすいかち 手適 すさ。

*A：ああ、もう、雨が吹き込んじゃって畳がびしょ濡れよー！
B：ほら、それなら俺も雑巾がけ手伝うよ。

★**打ち雨**：雨が吹き込むこと。
★**諸**：全部、すっかり。
★**ばた なとーいびーさ**：びしょ濡れになっていますよ。「ばた なゆん」で「びしょ濡れになる」。
★**すすいかち**：雑巾がけ、ふき掃除。

110 心労 しみてぃ 悪っさたんやー。

▶ 心配かけて悪かったね。

A：今迄 心労 しみてぃ 悪っさたんやー。
*B：済まびーさ。なー 退院 そーいびーるむん 快気祝 さびらな。

A：今まで心配かけて悪かったね。
*B：大丈夫よ。もう退院したんだもの、快気祝いしましょうよ。

★**心労 しみてぃ**：心配をさせて。
★**さびら**：しましょう。←「さびーん」〈します〉。

111 あれー ふぃれー苦(ぐりー) なてぃ

▶ あいつ付き合いにくくなっちゃって

*A: 近頃(ちかぐろー) 一番同士(いちばんどうし)とー 行会(いちゃ)とーいびーみ?

B: あれー ふぃれー苦(ぐりー) なてぃ、今(なまー) 行会(いちゃ)い欲(ぶ)しこー無(ねー)んさー。

*A: 最近、あなた、親友とは会ってる?
B: あいつ付き合いにくくなっちゃってさ、今は会いたくないなー。

★近頃(ちかぐろー):「近頃(ちかぐる)」+「〜や」〈〜は〉の融合した形。

★一番同士(いちばんどうし): 親友、一番の友達。

★あれー:「あり」〈彼〉+「〜や」〈〜は〉の融合した形。

★ふぃれー苦(ぐりー): 付き合いにくい人。

★今(なまー):「今(なま)」+「〜や」〈〜は〉の融合した形。

112 平生(ふぃーじー)ぬ 事(くとー) あらんしが。

▶ ありえないんだけど。

A: ありが あんすかなー迄(までぃ) 会社(くゎいしゃ)んじ あびーんでぃ 言(いー)しぇー 平生(ふぃーじー)ぬ 事(くとー) あらんしが。

*B: あんやいびーさやー。

A: あいつがあんなに会社で大声出すなんて、ありえないんだけど。
*B: そうよね。

★〜んでぃ 言(いー)しぇー: 〜と言うことは。「〜しぇー」は「〜し」〈(〜する) こと〉+「〜や」〈〜は〉の融合した形。

★平生(ふぃーじー)ぬ 事(くとー) あらんしが: いつものことではないけど。「事(くとー)」は「事(くとぅ)」+「〜や」〈〜は〉の融合した形。

113 我んねー あねー 思やびらん。

▶ 私はそうは思わないわ。

*A: うんな 考ぇん ある 筈やいびーしが、我んねー あねー 思やびらん。

B: 中学生ぬ うんじとーてぃ 汝や あんし 親んかい くさぶっくぃ物言 する ばーゐ！

*A: そんな考えもあるかもしれないけど、私はそうは思わないわ。
B: 中学生のくせに、親に向かってそんな生意気な口きくのか！

★思やびらん: 思いません。「思ゆん」で「思う」。

★うんじとーてぃ: (〜の) くせに。前に「〜ぬ」の付いた形で用いられる。

★くさぶっくぃ物言: ませた物の言い方。「くさぶっくぃゆん」で「ませる、大人ぶる」。

114 拍子な 物る やいびーる。

▶ まぐれなのよ。

A: あぎじゃびよー、なーなーなーなー、相手んかい ゴール さってぃ無らんむん。我っ達 チームや 負きらんがやー？

*B: 何、うれー 拍子な 物る やいびーる。直ぐ 取い返さびーさ。

A: あーあ、もうもうもうもう、向こうにゴール決められちゃったよ。うちのチーム負けちゃうんじゃないの？
*B: なーに、あんなのまぐれだって。すぐに取り返すわよ。

★さってぃ無らん: されてしまった。

★負きらんがやー: 負けないかなぁ。「負きゆん」で「負ける」。

★うれー:「うり」〈それ〉+「〜や」〈〜は〉の融合した形。

★拍子な 物: まぐれ、偶然。

62　CHAPTER 4

115 あんし 我強者でぃちぇー 思んたっさー。

▶ こんなに頑固者だとは思わなかったよ。

A：汝が あんし 我強者でぃちぇー 思んたっさー。

*B：何ぬ、御胴やかん 増しやいびーさ。

　A：お前がこんなに頑固者だとは思わなかったよ。
*B：何言ってんの、あなたよりはましよ。

★~でぃちぇー：「~でぃち」〈~と〉＋「~や」〈~は〉の融合した形。「~でぃち」は本来は「~んでぃち」だが、前に「我強者」が付くので「ん」が落ちている。

★何ぬ：何の、何が。

116 しかっとぅ 締りや さんてーんてー。

▶ ちゃんと戸締りしなかったんじゃないの。

*A：隣ぬ 比嘉さん達んかい 今日ぬ 昼 盗人ぬ 入やびたんでぃ！

B：しかっとぅ 締りや さんてーんてー。

*A：隣の比嘉さんちに、今日の昼、泥棒が入ったんですって！
　B：ちゃんと戸締りしなかったんじゃないの。

★~達：~の家。

★しかっとぅ：しっかりと、ちゃんと。

★さんてーんてー：しなかったに違いないよ。

CHAPTER 4　63

117 真っとーば 言ちゃる ばーる やる。

▶ 本当のこと言っただけだよ。

*A：だー、御胴が 口 しんだかちゃくとぅ、罵らーりやびたしぇー。

B：ひー？ 我んねー 何ん 口 しんだかさんよ。真っとーば 言ちゃる ばーる やる。

*A：もう、あなたが余計なこと言うから、怒られちゃったじゃない。
B：はあ？ 俺は余計なことなんか言ってないよ。本当のこと言っただけじゃないか。

★口 しんだかちゃくとぅ： 口を滑らせたから。「しんだかすん」で「滑らせる」。

★罵らーりやびたしぇー： 怒られたでしょ。「罵らーりゆん」で「怒られる、叱られる」。

★ひー： 同年輩または年下に呼ばれたときの応答。承諾・肯定を表す応答は「いー」。これをまとめて「いーひー」と言うが、女性が使うとぞんざいになる。女性は「うんー」（承諾・肯定）と「ふーん」（応答）（⇒ 97 ）を使うことが多い。

★真っとーば： まっすぐに、正直に。

Chapter 5

依頼・忠告 フレーズ

相手に何かお願いするときや、
注意したりアドバイスしたりするときに
役立つフレーズを覚えよう。

118 持っち行じ呉らんがやー。

▶ 持って行ってくれないかな。

A: くり 持っち行じ呉らんがやー。

*B: 明日やてぃん 済まびーみ？

　　A: これ、持って行ってくれないかな。
　*B: 明日でもいい？

★ **済まびーみ**: 大丈夫ですか。直訳すると「済みますか」。「大丈夫です」と答えるときは「**済まびーん**」と言う。

119 飲み 強 さいびーんどー。

▶ 飲み過ぎですよ。

A: あっしゃびよー、頭 病でぃ、水 飲まち呉れー。

*B: 御胴、昨日や 酒 飲み 強 さいびーんどー。

　　A: ああ、頭痛い。水飲ませて。
　*B: もう、昨日は飲み過ぎたんでしょ。

★ **御胴**:「**御胴**」〈あなた〉＋「**〜や**」〈〜は〉の融合した形。「もう」「まったく」のニュアンス。

★ **飲み 強 さいびーん**: 飲み過ぎです。「**〜 強 さん**」は「(〜し) 過ぎだ」の意。

66　CHAPTER 5

120 掛きおーらんどー。

▶ 間に合わないぞ。

A：いぇー、早くなー、慌てぃとーしが。掛きおーらんどー。

*B：待っちょーちみそーれー。女ぬ しこーいや 時間 掛かいびーさ。

A：おいっ、早くしろよ、急がないと。間に合わないぞ。
*B：ちょっと待ってよ、女性の身支度は時間がかかるんだから。

★早くなー：早く。
★慌てぃとーしが：急いでるんだけど。ここでは「慌てぃゆん」は「急ぐ」の意。
★掛きおーらん：間に合わない。←「掛きおーゆん」〈間に合う〉。
★しこーい：準備、支度。

121 かじ掛きてーんどーやー！

▶ あれだけ言っといたのに！

母：あぬ 淵ばんたや うかーさくとぅ、あま居てー 遊ぶなんでぃち 吾親や 汝んかい かじ掛きてーんどーやー！

息子：うー、我が 悪っさささい、吾親さい。許ち呉みそーれー。

母：あの崖っぷちは危ないから、向こうで遊ぶなって、お母さんあれだけ言っといたのに！
息子：はい、僕が悪かったです、お母さん。ごめんなさい。

★淵ばんた：断崖、絶壁。
★〜居てー：「〜居てぃ」〈〜で〉+「〜や」〈〜は〉の融合した形。
★かじ掛きてーん：確かに言ったんだ。「かじ掛きゆん」で「念を押す、約束する」。
★許ち呉みそーれー：許してください。

122 じゃーふぇー すんどー。

▶ 大変なことになるぞ。

A：うん 如(ぐとぅー) しーねー、じゃーふぇー すんどー。

*B：如何(ちゃー)ん 無(ねー)びらんさ。

　A：そんなことしたら大変なことになるぞ。
　*B：大丈夫よ。

★じゃーふぇー すん： 始末に負えないことをする。
★如何(ちゃー)ん 無(ねー)びらん： 何ともありません。

123 胴(どぅー) 破(やん)じゃびーんどー。

▶ 体こわすわよ。

*A：うん 如(ぐとぅー) 空酒(からじゃき)びけーい 飲(ぬ)みーねー、胴(どぅー) 破(やん)じゃびーんどー。だー、酒(さき)ぬ 肴(さかな)ん 押上(うさ)ぎら。

B：済(し)むんよー、難儀(なんじ) しみーくとぅ。

　*A：そんなふうに何も食べないでお酒ばっかり飲んでると、体こわすわよ。どれ、おつまみも出すわね。
　B：いいよ、大変だから。

★胴(どぅー)： 体。
★破(やん)じゃびーん： こわします。←「破(やん)じゅん」〈こわす〉。
★押上(うさ)ぎら： あげよう。←「押上(うさ)ぎゆん」〈あげる〉。
★難儀(なんじ) しみーくとぅ： 面倒なことをさせるから。

68　CHAPTER 5

124 ふぃらく なみそーりよー。

▶ くつろいでくださいね。

*A：胴ぬ 家んち 思てぃ、ふぃらく なみそーりよー。

B：御拝でーびる。

*A：自分の家だと思ってくつろいでくださいね。
B：ありがとうございます。

★ふぃらく なみそーりよー：楽にしてくださいね。「ふぃらく なゆん」は普通「あぐらをかく」の意で用いる。

★御拝でーびる：ありがとうございます。年下には「御拝どー」〈ありがとう〉と言うが、少し堅く「果報しどー」〈ありがとう〉がよく用いられる。

125 世間から 笑りーんどー。

▶ 世間の笑いものだよ。

母：汝や 胴ぬ 丈分 知らん。どぅく 前ないない しーねー、世間から 笑りーんどー。

息子：吾親、あんしーねー、我んねー 何時 ないねー 大っ人 ないびーが。

母：お前は自分の身の程も知らないで。そんな出しゃばってばっかりいると世間の笑いものだよ。
息子：お母さん、じゃあ、いつになったら僕は一人前って認めてもらえるの？

★丈分：「丈分」〈身分〉+「〜ん」〈〜も〉の融合した形。
★前ないない：出しゃばるさま。
★笑りーん：笑われる。
★大っ人 ないびーが：大人になりますか。

126 手 押合ちからどー。

▶ 手を合わせてからだよ。

息子：吾親、仏壇ぬ 上ぬ 芭蕉実、噛でぃん 済まびーみ？

母：いー、済むしが、親母大父んかい 手 押合ちからどー。うー 尊 っしょー。

息子：お母さん、仏壇の上のバナナ食べてもいい？
母：うん、いいけど、ご先祖様にちゃんと手を合わせてからだよ。「うー尊」しなさい。

★芭蕉実：バナナ。
★親母大父：先祖。
★押合ち：合わせて。←「押合すん」〈合わせる〉。
★うー 尊：神仏に祈願するときに唱える言葉。「うーとーとー」と言うのはうちなーやまとぅぐち。

127 医者から 言っとーいびーんどー。

▶ お医者さんに言われてるでしょ。

A：はー、うっぴなー？ なーふぃん 多く 入ってぃ呉れー。

*B：御胴、酒や 控りんでぃ 医者から 言っとーいびーんどー。

A：えーっ、こんだけ？ もっとたくさん入れてくれよ。
*B：もう、お酒は控えなさいってお医者さんに言われてるでしょ。

★なーふぃん：もっと、さらに。
★言っとーいびーんどー：言われていますよ。「言りゆん」で「言われる」。

70　CHAPTER 5

128 放題 しみーんどー！

▶ わがままになっちゃうぞ！

A：うぬ 童 通ち 負ふぁ しーねー、放題 しみーんどー！

*B：やいびーしが、ふぃっちー 泣ち 防がらんくとぅる やいびーんでー。

A：この子、しょっちゅうおんぶしてたら、わがままになっちゃうぞ！
*B：そうだけど、もう泣きどおしでたまんないのよ。

★負ふぁ： おんぶ

★放題 しみーんどー： わがままさせてしまうぞ。

★ふぃっちー： しきりに、しょっちゅう。

★泣ち 防がらん： 泣いてたまらない。

129 手適 っし呉みそーれー。

▶ 手伝ってちょうだいよ。

*A：あいえー、風吹ちぬ 来びーんでぃ。御胴ん いふぇー 片付き 手適 っし呉みそーれー。

B：だー、あんしぇー 外ぬ 花鉢 入ってぃ見だ。

*A：まあ、台風が来るんですって。あなたも少しは片づけ手伝ってよ。
B：うん、じゃあ外の植木鉢でも取り込もうか。

★風吹ち： 台風、暴風。「大風」とも言う。

★いふぇー：「いふぃ」〈少し〉+「〜や」〈〜は〉の融合した形。

★花鉢 ：「花鉢」〈植木鉢〉+「〜や」〈〜は〉の融合した形。

★入ってぃ見だ： 入れてみよう。「見だ」〈(〜して) みよう〉←「見じゅん」〈(〜して) みる〉。

130 あねー 言んけー。

▶ そんなこと言うなよ。

*A: 我ん 一人んかい 諸 仕事 しみてぃ、あぬ っ人 胴 なーくろー 何ん さびらんでー。

B: あねー 言んけー。あぬ っ人ん 見じーねー 大概 気張とーんどー。

*A: 私にばっかり仕事させちゃってさ、あの人、自分からは何もしないのよね。
B: そんなこと言うなよ。あの人もなかなか頑張ってるじゃないか。

★ しみてぃ: させて。←「しみゆん」〈させる〉。

★ っ人: 「っ人」〈人〉+「〜や」〈〜は〉の融合した形。

★ 胴 なーくろー: 「胴 なーくる」〈自分から〉+「〜や」〈〜は〉の融合した形。

★ あねー 言んけー: そうは言うなよ。「〜けー」〈(〜するな)よ〉は動詞の禁止形または否定形に付く。

★ 大概: なかなか、まずまず。

131 大概なーっし さびらんでー

▶ ほどほどにしないと

A: どーく 歩っち 強さぬ、腿すっくゎー なとーんでー。

*B: ウォーキングん 大概なーっし さびらんでー、胴 病まさびーんどー。

A: ちょっと歩きすぎちゃって、腿が痛くなっちゃったよ。
*B: ウォーキングもほどほどにしないと、体こわしちゃうよ。

★ 腿すっくゎー: 歩きすぎて腿が痛くなること。

★ 胴 病まさびーん: 体を痛めます。

72　CHAPTER 5

132 うぬまま 寝(に)んしとーきよー。

▶ そのまま寝かせてあげて。

息子：大令(たーりー)や 昼(ふぃる)から 居眠(ゐーにーぶ)い そーんでー。

母：昨日(ちぬー) にっか 迄(までぃ) 起きとーたくとぅ、起(う)くさんどー。うぬまま 寝(に)んしとーきよー。

 息子：お父さん、昼から居眠りしちゃってるよ。
  母：昨日夜遅くまで起きてたから、起こさないで。そのまま寝かせといてあげて。

★起(う)くさんどー: 起こさないよ。

★寝(に)んしとーきよー: 寝かせておきなよ。「寝(に)んしゅん」で「寝かせる」。

133 気(ちぬ)付ち 歩(あ)っきよーやー。

▶ 気をつけて歩けよな。

彼女：あがよー、転(くる)ばーに ふぃさ 病(や)むっさー。

彼氏：汝(いゃー)や ちゃっく屋(やー)やくとぅ、あんし 転(くる)ぶんどーやー。気(ち)ぬ付ち 歩(あ)っきよーやー。

 彼女：イタタ、転んで足痛くしちゃった。
 彼氏：お前はおっちょこちょいだから、そうやって転ぶんだよ。気をつけなきゃ。

★転(くる)ばーに: 転んで。

★ふぃさ: 足。

★ちゃっく屋(やー): おっちょこちょい、落ち着きのない者。

★歩(あ)っき: 歩け。「歩(あ)っちゅん」〈歩く〉の命令形。

CHAPTER 5 73

134 あれー ぶらさぬ。

▶ あいつはまだ未熟だ。

*A：今度ぬ 御祝儀、ありんかい いふぇー 歌 しみたらー 如何やいびーがやー？

B：ゐーゐー、あれー ぶらさぬ、未だ 早さん。

*A：今度のお祝いの席で、彼に歌わせるのはどうでしょうか？
B：ダメダメ。あいつはまだ未熟だ。まだ早い。

★御祝儀：「御祝儀」〈お祝い〉+「〜や」〈〜は〉の融合した形。

★いふぇー：「いふぃ」〈少し〉+「〜や」〈〜は〉の融合した形。

★歌 しみたらー：歌をさせたら。

★ゐーゐー：年下に対する応答の言葉で、否定・拒絶などの意味を表す。女性は「んーんー」を使う方が好ましい。年上に対しては「をぅーをぅー」と言う。

★ぶらさぬ：未熟で。←「ぶらさん」〈未熟である、力量が足りない〉。

135 吾親や 言ちゃんどーやー。

▶ お母さんは言ったよね。

息子：あがよー、吾親、蕃石榴 取いんでぃち、くぬ木から 落てぃてぃ、ちび 病まちゃん。

母：やー、吾親や 言ちゃんどーやー。うぬ 木や うろーさくとぅ、登てーならんでぃち！

息子：イテテ、お母さん、グァバ取ろうとして、この木から落ちてお尻打っちゃったよー。
母：ほらね、お母さんは言ったよね。この木は折れやすいから登っちゃいけないって！

★蕃石榴：グァバ。

★やー：ほらねえ。注意を促すときに使う言葉。

★うろーさくとぅ：細いから。「うろーさん」は木の枝や糸などが細いことを表す。

CHAPTER 5

136 世話 すなけー。
▶ 心配するなよ。

*A：御胴、通ち うん如 っし 徒 ださーに っ人ぬ 事 っしなー。いふぇー 儲き尽くん 考 みそーらんでー。

B：世話 すなけー。っ人ぬ 事 そーちーねー、なんくる 後から 儲きらりーさ。

*A：あなたっていつも、こんなふうにボランティアで人のことばっかりしちゃうのね。少しは儲けることも考えないと。
B：心配するなって。人のことをしてれば、お金は後からついてくるさ。

★ 徒 だ： ただ、無料。

★世話：「世話」〈心配〉+「～や」〈～は〉の融合した形。

★そーちーねー： しておくと。

★なんくる： ひとりでに。

★儲きらりーさ： 儲けられるよ。「儲きゆん」で「儲ける」。

137 我んにん 肖 らち呉みそーりよー。
▶ 私もあやからせてくださいね。

孫：八十八ぬ 斗搔 御祝、我んにん 肖 らち呉みそーりよー、うんめー。

祖母：いー、いー。汝ん 肖 りよー。

孫：八十八の米寿のお祝い、私もあやからせてくださいね、おばあさん。
祖母：うん、うん。お前もあやかりなよ。

★斗搔： 米寿のこと。

CHAPTER 5   75

138 如何 さらー 増しやいびーがやー？

▶ どうすれば良いでしょうか？

A：先生んかい「歌三線 上手 なる 為、如何 さらー 増しやいびーがやー？」んでぃち 問たくとぅ、何んでぃちゃんち 思いが。

*B：何んでぃちょーいびーたが？

A：毎日 稽古 しぇーんでぃ（笑）

 A：先生に「歌三線が上手くなるにはどうすれば良いでしょうか？」って聞いたら、なんて言ったと思う？
 *B：なんて言ってたの？
 A：毎日練習しろだって（笑）

★為：「為」+「〜や」〈〜は〉の融合した形。

★何んでぃちゃんち：「何」+「〜んでぃ」〈〜と〉+「言ちゃん」〈言った〉+「〜んでぃち」〈〜と〉。

★何んでぃちょーいびーたが：「何」+「〜んでぃ」〈〜と〉+「言ちょーいびーたん」〈言っていました〉+「〜が」〈か〉。

139 てぃーだぬ 萎てぃから 行けー。

▶ 日が落ちてからにしろよ。

*A：いぇーたい、車っし スーパー 迄 添てぃ行じ呉みそーれー。

B：いぇー、うぬ 暑さ 買い物 しーが 行ちゅんなー。てぃーだぬ 萎てぃから 行けー。

 *A：ねえ、車でスーパーまで連れてってよ。
 B：おい、この暑いのに買い物行くのかよ。日が落ちてからにしろよ。

★添てぃ：連れて。←「添ゆん」〈連れる、同伴する〉。

★てぃーだ：太陽、お日さま。

★萎てぃ：弱くなって。←「萎ゆん」〈萎える、弱くなる〉。

76　CHAPTER 5

140 くばめーする 事ん 分からんだれー。

▶ 節約することも考えないと。

母：いえー、汝や 銭 有いねー有い 使 っし。くばめーする 事ん 分からんだれー。

息子：分かとーいびーさ。

> 母：まったく、あんたはお金をあるだけ全部使っちゃって。節約も考えないと。
> 息子：わかってるって。

★ 銭：「銭」〈お金〉+「～や」〈～は〉の融合した形。

★ 有いねー有い 使：あればあるだけ使ってしまうこと。

★ くばめーする：すぐ後に名詞が来て、その名詞を修飾する形。←「くばめーすん」〈節約する〉。

★ 分からんだれー：わからないと。

141 何 ぬるんとぅるん 歩っちょーが。

▶ 何のろのろ歩いてんだ。

A：いえー、何 ぬるんとぅるん 歩っちょーが。映画ぬ 始まいんどー。

*B：御胴がる 分かてー居いびらんどー。映画ぬ 始まいしぇー 1 時間 後。

> A：おい、何のろのろ歩いてんだ。映画始まっちゃうぞ。
> *B：わかってないのはあなたでしょ。映画が始まるのは1時間後よ。

★ ぬるんとぅるん：のろのろ。普通は、とろとろまどろむさまを表す。

★ 映画：うちなーぐちには日本語の「え」に当たる発音がないので、「ゑいが」と発音する。

★ 始まいしぇー：始まるのは。「～しぇー」は「～し」〈(～する)こと〉+「～や」〈～は〉の融合した形。

CHAPTER 5　77

142 早くなー 行じ、けー払てぃ来わ。

▶ 早く行って払ってきちゃいなよ。

*A: 何がやー？ 今 電話ぬ あてぃ、電気代ぬ 引ち落とぅさってー居いびらんでぃ。

B: あんしぇー、早くなー 行じ、けー払てぃ来わ。

*A: なんでだろう？ 今電話があって、電気代引き落とされてないんだって。
B: それじゃあ、早く行って払ってきちゃいなよ。

★来わ: 来いよ。

143 後 嫌な肝 生じゆんどー。

▶ ひねくれて余計ひどくなっちゃうぞ。

A: いぇー、どぅく あんし 童 罵らい飛ばしーねー、後 嫌な肝 生じゆんどー。童ぬ 話ん 聞ちから 罵らーんでー。

*B: あんでぃちん、うぬ 童 親ぬ 言しぇー 諸 聞かんる あいびーんでー。

A: なあ、そんなに子どもを叱りつけたら、ひねくれて余計ひどくなっちゃうぞ。その子の話も聞いてから叱らなきゃ。
*B: そんなこと言っても、この子ったら親の言うことまるで聞かないのよ。

★罵らい飛ばしーねー: 叱り飛ばすと。「罵らゆん」で「叱る」。

★後:「後」＋「〜や」〈〜は〉の融合した形。

★嫌な肝: ひねくれた心。

★あんでぃちん:「あん」〈そう〉＋「〜んでぃち」〈〜と言って〉＋「〜ん」〈〜も〉。

★童:「童」〈子ども〉＋「〜や」〈〜は〉の融合した形。

78　CHAPTER 5

144 肝足掻ち しーねー、前んかい 歩っかんどー。

▶ 焦っちゃうと前に進めないぞ。

A：うん如 っし 肝足掻ち しーねー、前んかい 歩っかんどー。

*B：あんしーねー、如何 されー 済まびーが。

　A：そうやって焦っちゃうと前に進めないぞ。
　*B：じゃあ、どうすればいいのよ。

★肝：心。
★足掻ち：焦り。「足掻ち すん」で「焦る」。
★歩っかん：歩かない。「歩っちゅん」〈歩く〉の否定形。

145 うん如 しーねー、程 生らんどー！

▶ そんなことだと大きくなんないよ。

息子：吾親、我んねー うれー 噛まん。

　母：汝や どうく 物ぬ 好ち不好ちぬ 多さぬ、うん如 しーねー、程 生らんどー！

　息子：お母さん、僕それ食べない。
　　母：お前はそんなに好き嫌いが多くて、それじゃあ大きくなんないよ。

★好ち不好ち：好き嫌い。
★うん如 しーねー：そんなふうにすると。
★程 生らん：背が伸びない。

146 うれー 当たい前ぬ 事 あらんどー！

▶ これはただごとじゃないぞ。

A: 汝 あんし 代高 得てぃ、うれー 当たい前ぬ 事 あらんどー！

*B: うー。あんしーねー、返ち 来びーさ。

A: お前、こんな高いものもらっちゃって、ただごとじゃないぞ。
*B: わかった。じゃあ、返してくる。

★代高: 高価なもの。
★得てぃ: もらって。←「得ゆん」〈もらう〉。
★「事」:「事」+「〜や」〈〜は〉の融合した形。
★返ち 来びーさ: 返してきますよ。

147 体ぬ 為 思てぃる やいびーんどーやー。

▶ 体のことを心配してるんですよ。

母: ゑー、あまんじ 憩とーきんでぃなー。まかいん 洗し みらん ばーゐ。あんやみ、年寄や 厄介者やさやー。

息子: 吾親さい、あねー あいびらんどーやー。御胴ぬ 体ぬ 為 思てぃる やいびーんどーやー。

母: ああそうかい、向こうで休めってことね。お茶碗も洗わせてくれないんだね。そうか、年寄りは厄介者ってことだね。
息子: お母さん、違いますよ。お母さんの体を心配して言ってるんですよ。

★憩とーきんでぃなー: 休んでおけと言ってるんだね？

★まかい: ご飯や汁物を入れる陶製の食器。

★洗し みらん ばーゐ: 洗わせないわけか。

80 CHAPTER 5

Chapter 6

遊び・食事 フレーズ

友だちと遊びに出かけたり、
食事に行ったり、買い物したり。
そんな場面で役立つ表現を集めました。

148 楽しでぃ来よーやー。

▶ 楽しんできてね。

甥っ子：修学旅行や USJんかい 行ちゃびーんでー。

叔母：増しやさやー。楽しでぃ来よーやー。

 甥っ子：修学旅行でUSJに行くんだ。
 叔母：いいわね！ 楽しんできてね。

★増しやさやー： いいわねえ。「増し」は「（一方より）よいこと、まさっていること」。

★来よーやー： 来いよなあ。「来」〈来い〉は「来ん」〈来る〉の命令形。

149 割甕やさやー！

▶ ザルだねえ！

*A：何やてぃん 飲でぃん 済まびーんでぃなー？ あんしぇー、くりとぅ くりとぅ くり 飲まびーがやー。

B：うさきー 酒 飲みゆーすみ？ 割甕やさやー！

 *A：何でも飲んじゃっていいの？ それじゃあ、これと、これと、これ飲もうかな。
 B：そんなにお酒飲めちゃうの？ ザルだね。

★飲でぃん 済まびーんでぃなー： 飲んでもいいって言ってるのね？

★うさきー： そんなにたくさん。

★飲みゆーすみ： 飲めるのか。「～ゆーすん」は「（～することが）できる」の意。

★割甕： 底なしの大酒飲みのこと。

82   CHAPTER 6

150 ちびらーさいびーんやー。

▶ かっこいいね。

*A: くまぬ 青年会ぬ ゑいさーや パーランクー 使いびーくとぅ、ちびらーさいびーんやー。

B: 我っ達 島 使んしが、ちびらーさんどー。

*A: ここの青年会のヱイサー、パーランクー使うからかっこいいね。
B: 俺の地元は使わないけどかっこいいんだぞ。

★ゑいさー: 日本語では「エイサー」と表記されるが、日本語の「エ」の音とは異なる。

★パーランクー: 片張りの小太鼓。

★島: 「島」〈地元〉+「～や」〈～は〉の融合した形。

★ちびらーさん: 男らしくて粋である。本来は「てきぱき、きびきびして気持ちが良い」という意味。

151 食上がてぃ見じみそーれー！

▶ 召し上がってみてくださいよ！

A: 旨さいびーんどー！ くり 食上がてぃ見じみそーれー！

*B: 北海道ぬ 物産展 そーさやー。いふぇー 味 っし見じゅがやー。

A: (試食コーナーで) おいしいですよ！ これ、召し上がってみてくださいよ！
*B: (独り言で) 北海道の物産展やってるんだ。ちょっと味見してみようかな。

★見じみそーれー: (〜して) みてくださいよ。「見じゅん」で「(〜して) みる」。

CHAPTER 6　83

152 活計 さびら！

▶ いただきます！

A：とー、くれー 旨さ物どー。

*B：あんし 旨さぎさいびーる。活計 さびら！

　A：さあ、これはうまいぞ。
　*B：わー、おいしそう！ いただきます！

★旨さ物：おいしい食べ物。
★活計：ごちそう。「活計 さびら」で「いただきます」。「活計 さびたん」は「ごちそうさまでした」。

153 メールアドレス 習ち呉れー。

▶ メールアドレス教えて。

同級生：また 皆っし 行会らな。

*同級生：やんやー、あんしぇー メールアドレス 習ち呉れー。

　同級生：またみんなで連絡取り合おうよ。
　*同級生：そうね。じゃあメールアドレス教えてよ。

★行会らな：会おうよ。
★習ち呉れー：直訳すると「習わせてくれよ」。「習すん」で「教える」。

154 算みん っし呉みそーれー。

▶ お勘定してくれるかな。

A: なー うっぴどぅ 噛みゆーする、算みん っし呉みそーれー。

*B: うー、分かやびたん。

　A: もう食べられないから、お勘定してくれるかな。
　*B: はい、わかりました。

★うっぴどぅ 噛みゆーする: それだけなら食べられる。

★算みん: 計算、勘定。

★分かやびたん: 分かりました。「分かいびたん」より少し丁寧な言い方。

155 あんし 香さぬ。

▶ とてもいい匂いだね。

A: あんし 香さぬ。今日ぬ 夕飯 何やが？

*B: 今日や 鰻ぬ 蒲焼 旨く旨く 焼ちぇーいびーんどー。

　A: おー、いい匂いだなー。今日の夕飯は何かな？
　*B: 今日は鰻の蒲焼き、おいしく焼いてあるわよ。

★香さぬ: いい匂いで。←「香さん」〈いい匂いである〉。「匂い」には「香」と「かじゃ」の２つがあり、「香」は良い匂い、「かじゃ」は不快な匂いのときに使う。

★夕飯: 「夕飯」+「〜や」〈〜は〉の融合した形。

★旨く旨く: おいしそうに。

★焼ちぇーいびーんどー: 焼いてありますよ。

156 あま 行じ見だ！
▶ あっちに行ってみよう！

*A：ゑいさーぬ 備いや まーんじ そーいびーがやー？

B：あまから 太鼓ぬ 音ぬ 聞かりーっさー。あま 行じ見だ！

*A：エイサー行列、どこでやってんのかな。
B：向こうから太鼓の音が聞こえるな。あっちに行ってみよう！

★備い： 行列。

★聞かりーっさー： 聞こえるよ。「聞かりゆん」で「聞こえる」。

157 今日や 模合やるむん
▶ 今日は模合なんだから

*A：御胴、また 飲みーがなー？

B：はーっしぇ、今日や 模合やるむん、行かんでーならんさに。

*A：もう、また今日も飲みに行くの？
B：もう、今日は模合なんだから、行かなきゃまずいだろ。

★御胴：「御胴」〈あなた〉＋「〜や」〈〜は〉の融合した形。「もう」「まったく」のニュアンス。

★飲みーが： 飲みに。

★はーっしぇ： いらいらとむかついたときに発する言葉。

★模合： 沖縄に特有の金銭的な相互扶助の習慣。

158 酒迄 食上がてぃ。

▶ お酒まで飲んじゃって。

*A：何が 御胴、今日や にーさいびーる。酒迄 食上がてぃ。

B：5年 行会んたる 同士とぅ 国際通り居てぃ はい行会てぃよー。

*A：ゑー、あんる やいびーてぃゐ。世話 さびたんどー。

*A：どうしたの、今日は遅いじゃない。お酒まで飲んじゃって。
B：5年ぶりに友達と国際通りでばったり会っちゃってさー。
*A：なーんだ、そうだったの。心配しちゃったー。

★にーさいびーる：遅いですね。「にーさん」で「遅い」。
★5年 行会んたる 同士：5年会っていなかった友達。
★はい行会てぃ：ばったり出会って。←「はい行会ゆん」〈ばったり出会う〉。

159 あんし 座持ちゃーやいびーる。

▶ ほんと盛り上げるの上手ね。

*A：御胴、あんし 座持ちゃーやいびーる。皆 喜どーいびーたんどー。

B：あい！ 酒 座や 華かさんでー。

*A：あなたってほんと盛り上げるの上手ね。みんな喜んでたわよ。
B：そりゃあ、お酒の席は盛り上げなきゃ。

★座持ちゃー：宴会の座を持たせる人。
★華かさんでー：盛り上げないと。「華かすん」で「盛り上げる、にぎやかにする」。

CHAPTER 6　87

160 如何やたが、ホラー映画や？

▶ どうだった、ホラー映画は？

A：如何やたが、ホラー映画や？ なー 一返ん 見じゅみ？（笑）

*B：御胴 考ららん 事 言る！ 今 考てぃん 肉震るさびーる！

A：どうだった、ホラー映画は？ もう１回見る？（笑）
*B：もう、何言ってんの！ 今思い出してもぞっとする！

★ 考ららん：考えられない。「考らりゆん」〈考えられる〉の否定形。
★ 肉震：恐怖や嫌悪、寒さなどで身が震えること。

161 三線 胴風やいびーさ。

▶ 三線は自己流ですよ。

*A：御胴、あんし 三線 上手やみしぇーる。良先生 掛かみそーちゃんてー？

B：をぅーをぅー。先生や 居いびらんどー。我んねー 三線 胴風やいびーさ。

*A：あなた、三線とてもお上手ですね。良い先生に就いたんじゃないですか？
B：いいえ。先生はいませんよ。三線は自己流ですよ。

★ 三線：「三線」+「〜や」〈〜は〉の融合した形。
★ 胴風：自分流。

162 我んにんかい 打合とーいびーみ？

▶ 俺に似合ってるかな？

息子：吾親、くぬ 衣 我んにんかい 打合とーいびーみ？

母：あいえー、汝や あんし 大っ人 なてぃ。清らさん どー。

> 息子：お母さん、どう？ この服、俺に似合ってるかな？
> 母：まあ、お前はこんなに大人になって。素敵よ。

★衣：「衣」〈服〉＋「〜や」〈〜は〉の融合した形。

★打合とーいびーみ：似合っていますか。「打合ゆん」で「似合う」。

★清らさん：美しい、綺麗だ。「美らさん」と書くのは当て字。

163 我んにん 噛でぃ 来ちゃー びーん！

▶ あたしも食べてくる！

A：近くんじ 新くに 開ちゃる カフェぬ ぜんざい 旨さたっさー。

*B：ふー？ 我んにん 噛でぃ 来びーん！

> A：近くにオープンしたカフェのぜんざい、おいしかったなあ。
> *B：えー、あたしも食べてくる！

★新くに：新たに。

★開ちゃる：すぐ後に名詞が来て、その名詞を修飾する形。←「開ちゃん」〈開いた〉。

164 ちゃー たじらし返さーやさ。

▶ いつも同じ内容の繰り返しなのよ。

母: うったー 芝居よ、ちゃー たじらし返さーやさ。何時見ちん ちゃー 様ぬ物やさ。

息子: あんやいびーてぃゐ。あんしぇー、別ぬ 芝居屋 増しやいびーたっさーやー。

> **母**: この劇団ね、いつも同じ内容の繰り返しなのよ。いつ見ても変わり映えしないのよね。
> **息子**: そうだったの。じゃあ別の劇団が良かったね。

★**うったー 芝居**: 彼らの芝居。

★**たじらし返さー**: 何度も温め直した食べ物。転じて「何度も繰り返すもの」の意。

★**芝居屋**: 劇団。1879年(明治12年)の沖縄県設置以降うちなーぐちで上演される演劇はうちなー芝居と呼ばれ、その劇団を「**芝居屋**」と言う。

165 月ぬ 抜上がてぃ 来 しぇー。

▶ 月が出てきたよ。

*A: 今日や 十五夜やいびーくとぅ、吹上 まじゅん 噛まびらやー。

B: あんやさやー。あり、あん 言くとぅ、あま 見でー、月ぬ 抜上がてぃ 来 しぇー。

> *A: 今日は十五夜だからフチャギー緒に食べようね。
> B: そうだな。ほら、そんなこと言ってたら、向こう見てみなよ、月が出てきたよ。

★**十五夜**: 旧暦8月15日の夜のこと。

★**吹上**: 蒸した楕円形の餅にゆで小豆をまぶしたもの。十五夜に神仏にお供えする。

★**まじゅん**: 一緒に。

★**抜上がてぃ 来 しぇー**: 出てきているでしょう。「**抜上がゆん**」で「抜けて上に出る」。

90　CHAPTER 6

166 又ん 買いが めんそーりよー。

▶ また買いにいらっしゃいね。

A：御胴なー達 天ぷらー 一杯 旨さいびーんどー。

*B：やいびーてぃゐ。あんしぇー、又ん 買いが めんそーりよー。

　　A：お宅の天ぷらとってもおいしいですよ。
　　*B：そうですか。じゃあ、また買いにいらっしゃいね。

★御胴なー達：あなたの店。「御胴なー」は「御胴」よりやや丁寧な言い方。「〜達」は「〜たち」だが、ここでは「〜の家、〜の店」の意。
★天ぷらー：「天ぷら」+「〜や」〈〜は〉の融合した形。
★又ん：直訳すると「またも」。
★買いが：買いに。

167 くまぬ 桜ー 清らさんやー。

▶ ここの桜きれいだね。

*A：あいえー、うぬ 桜ぬ 木がどぅ 一番 咲ち被とーいびーんでー！

B：やんやー、くまぬ 桜ー 清らさんやー。

　　*A：わー、この桜の木が一番たくさん咲いてるー！
　　B：そうだね、ここの桜きれいだね。

★咲ち被とーいびーん：咲きこぼれています。「咲ち被じゅん」で「咲きこぼれる」。
★桜ー：「桜」+「〜や」〈〜は〉の融合した形。

168 くぬ 芝居しーや 武士やんやー。

▶ この俳優は達人だね。

彼女：あきさみよー、あんし 手ふぃさぬ 良 動 ちゅる！

彼氏：やくとぅよー。くぬ 芝居しーや 武士やんやー。

> 彼女：（カンフー映画を見ながら）すごーい、こんなに体がよく動くなんて！
> 彼氏：ホントだね。この俳優は達人だね。

★手ふぃさ：手足。
★武士：武芸・空手などの達人。

169 酒がち そーんでぃち 寝んとーんでー。

▶ 二日酔いだって言って寝てるわよ。

息子：だー、大令や？

母：昨日 同士んちゃーとぅ まじゅん したたか 酒 飲だくとぅ、酒がち そーんでぃち 寝んとーんでー。

> 息子：あれ、お父さんは？
> 母：昨日お友達と一緒にたくさんお酒飲んだから、二日酔いだって言って寝てるわよ。

★酒がち そーん：二日酔いをしている。

92　CHAPTER 6

170 映画ぬ きっさ 始まてぃ無びらんむん。 CHECK✓

▶ 映画もう始まっちゃってるわー。

彼女：あいえー、映画ぬ きっさ 始まてぃ 無びらんむん。
彼氏：汝が 家から 出じーる 時に「あり 忘たん、くり 忘たん」ぬ 多さくとぅる やんどー。

 彼女：あーあ、映画もう始まっちゃってるわー。
 彼氏：お前が家出るときに「あれ忘れた、これ忘れた」ばっかり言うからだぞ。

★始まてぃ無びらん：始まってしまいました。
★多さくとぅ：多いから。

171 毎日 飲みーがどぅ やいびーさやー。 CHECK✓

▶ 毎日飲みに行くのね。

A：とー、あんしぇー 行じ来ゐー。
*B：御胴、毎日 飲みーがどぅ やいびーさやー。なー 酒町屋 ぬ 奉公る そーいびーんてー。

 A：よし、じゃあ行ってくるよ。
 *B：もう、毎日飲みに行くのね。もう酒屋さんにサービスしちゃって。

★飲みーがどぅ：「飲みーが」〈飲みに〉に「〜どぅ」〈こそ〉が付いて、「また飲みに行くの?」という不満の気持ちが強く表れている。
★町屋：店。「〜町屋」で「〜屋」となる。例：「書物町屋」〈本屋〉、「ふや町屋」〈靴屋〉。

172 携帯番号 如何 っし 入りーが？

▶ 携帯番号どうやって入れるの？

A：携帯ぬ 使よーぬ 分からん、汝 携帯番号 如何 っし 入りーが？

*B：だー、我が さびーさ。

　　A：携帯の使い方わかんないな、お前の携帯番号どうやって登録するの？
　*B：ほら、私がやってあげるわ。

★使よー：使いよう、使い方。

173 くぬ 店 一杯 好ち。

▶ このお店大好き。

*A：我んねー くぬ 店 一杯 好ち。ありくり 取い揃ちょーいびーしぇー。

B：やんやー、うっさぬ サフン 取い揃ちょーる 店や なかなか 無んやー。

　*A：あたし、このお店大好き。いろんな種類のが置いてあるじゃない。
　 B：そうだな、こんなに石鹸の品数が多い店ってあんまりないよな。

★ありくり：あれこれ。

★うっさぬ：それだけの数量の。

★サフン 取い揃ちょーる 店：石鹸を取り揃えている店。

174 何がな する 事 あみ？

▶ 何か予定ある？

*同級生：皆さーに バーベキュー さなやーんでぃる 話ぬ なとーしが、週末や 何がな する 事 あみ？

同級生：あいえー、じゃーふぇーやっさー。今週や 仕事ぬ 入っちょーっさー。

*同級生：みんなでバーベキューしようって話になってるんだけど、週末何か予定ある？
同級生：えー！ 残念！ 今週は仕事が入っちゃってるよ。

★〜んでぃる：〜という。「〜んでぃ」〈〜と〉+「言る」〈言う〉。「言る」はすぐ後に来る名詞を修飾する形。

★何がな する 事 あみ：何かすることはあるか。「事」は「事」+「〜や」〈〜は〉の融合した形。

175 今日や ゴルフ っし来る ばーてーやー。

▶ 今日はゴルフをやってきたんだよ。

A：今日や ゴルフ さんどー！

*B：ふー？ 今日や ゴルフ さびらんたんでぃなーたい？

A：あらんよー、今日や ゴルフ っし来る ばーてーやー。

A：今日ゴルフだったよ。
*B：えっ？ 今日はゴルフに行かなかったの？
A：違うよ、今日はゴルフをやってきたんだよ。

★ゴルフ さんどー：ゴルフをしたよ。うちなーぐちでは「ゴルフをしないよ」も「ゴルフ さんどー」となるため、この後で B が聞き返している。

★ゴルフ さびらんたんでぃなー：ゴルフをしなかったんですって？

176 肝要な 参会やるむん 仕方 無んさ。

▶ 大切な飲み会だから仕方ないよ。

*A: 御胴、今日ん 飲みーが めんしぇーんなー？
B: 今日や 御客とぅぬ 肝要な 参会やるむん 仕方 無んさ。

*A: もう、今日も飲みに行くの？
B: 今日はお得意様との大切な飲み会だから仕方ないよ。

★肝要： 重要。
★参会： 宴会。
★仕方： 「仕方」+「〜や」〈〜は〉の融合した形。

Chapter 7

恋愛 フレーズ

出会いもあれば別れもあり。
そんな恋愛のさまざまな場面で使えるセリフが、
このチャプターで学べます。

177 加那(かな)さんどー。

▶ 愛してるよ。

A: 加那(かな)さんどー！

*B: 我(わ)んにんやいびーんどー！

　　A: 愛してるよ！
　　*B: 私もよ！

★加那(かな)さん: 愛しい。

178 嘉例(かりー)！

▶ 乾杯！

A: あんしぇー、今日(ちゅー)や 二人(たい)ぬ 行会(いちゃ)たる 日(ふぃー)やくとぅ、うり 祝(いをぇー) っし 飲(ぬ)でぃ見(ん)だな。

*B: うんー、うぃーりきさいびーっさー。二人(たい)ぬ 行会(いちゃ)たる 事(くとぅ)んかい 嘉例(かりー)！

　　A: じゃあ、今日は二人の出会い記念日だから乾杯しようか。
　　*B: うん、嬉しいー。二人の出会いに乾杯！

★行会(いちゃ)たる 日(ふぃー): 出会った日。

★うり 祝(いをぇー) っし: それをお祝いして。

★飲(ぬ)でぃ見(ん)だな: 飲んでみよう。

★行会(いちゃ)たる 事(くとぅ): 出会ったこと。

★嘉例(かりー): 乾杯。うちなーぐちには「乾杯」に当たる語がなく、近年になって「嘉例(かりー)」を使うようになった。

98　CHAPTER 7

179 別りてーいびーさや。

▶ 別れたのね。

A: ありが 男 女遊びぬ 強さたんでぃ。

*B: あんすくとぅ、別りてーいびーさや。

　　A: 彼女の元カレさ、浮気性だったんだって。
　*B: だから、別れたのね。

★男：「男」＋「〜や」〈〜は〉の融合した形。
★女遊びぬ 強さたん: 女遊びがひどかった。
★別りてーいびーさ: 別れたんですよ。「別りゆん」で「別れる」。

180 新根引ちゃんでぃ。

▶ 初婚なんだって。

*A: 御胴ぬ 会社ぬ 大城さのー 初みてぃ 夫 持ちゃびーんでぃなー？

B: いー、四十 余てぃからぬ 新根引ちゃんでぃ。

　*A: あなたの会社の大城さんって、初婚なの？
　 B: ああ、40過ぎて初婚なんだって。

★持ちゃびーんでぃなー: 直訳すると「持つんですって？」。「持ちゅん」だけで「嫁ぐ、(女性が)結婚する」の意に使うことがある。
★余てぃから: 過ぎてから。「余ゆん」で「越える、過ぎる」。
★新根引ち: 女性の初婚を言う。男性の初婚は**「新尋めーい」**と言う。

CHAPTER 7　99

181 くり、我んにんかい？

▶ これ、あたしに？

*A: 何、くり、我んにんかい？

B: いー、先じぇー 開きてぃ見でー。

*A: えー何、これ、あたしに？
B: そう、とにかく開けてみて。

★先じぇー:「先じ」〈まず〉+「〜や」〈〜は〉の融合した形。
★見でー: (〜して) みろ。「見じゅん」〈(〜して) みる〉の命令形。

182 今 来さ。

▶ 今行くよ。

*A: 我んねー 店ぬ 中んかい 居いびーしが、御胴 まーやいびーが？

B: 今 駐車場やくとぅ 待っちょーきよー。今 来さ。

*A:（電話で）あたし、店の中にいるんだけど、あなた、どこなの？
B: 今駐車場だから待ってて。今行くよ。

★御胴:「御胴」〈あなた〉+「〜や」〈〜は〉の融合した形。
★来さ: 来るよ。相手のところへ行くときには「来ん」〈来る〉を使うことが多い。

100　CHAPTER 7

183 あんし 悋気屋やてーる。

▶ そんなにやきもち焼きだったなんて。

*A: 何が、御胴、ハンバーガー屋ぬ 店員とぅ あんし 長ゆんたく する！

B: 汝や あんし 悋気屋やてーる。

*A: どうして、ハンバーガー屋の店員とそんな長話すんのよ！
B: お前がそんなにやきもち焼きだとは思わなかったよ。

★ゆんたく: お喋り。
★悋気屋: やきもち焼きの人。

184 我が 悪っさたん。

▶ 俺が悪かった。

*A: 御胴、我んねー あぬ 店居てぃ 3時間 待っちょーいびーんどー。あんしん 来んでぃちん あいびーみ！

B: 我が 悪っさたん、くねーてぃ 呉れー。仕事ぬ 如何 っしん 脱ぎららんたる ばーよー。

*A: もう一、私、あの店で3時間待ったのよ。それでも来ないなんてありえないんだけど！
B: 俺が悪かった、許してくれ。仕事がどうしても抜けられなかったんだよ。

★来んでぃちん あいびーみ: 来ないなんてことがありますか。

185 また 戻とーいびーんでー。

▶ またよりを戻してるのよ。

*A: 通ち 闘てぃ、別りとーたる あっ達よー、また 戻とーいびーんでー。

B: 我っ達や 闘らんかやー。

*A: しょっちゅうケンカして、別れたあの二人だけどさ、またより戻してんのよ。
B: 俺たちはケンカしないでおこうな。

★あっ達: あの人たち。

★戻とーいびーん: 戻っています。

★闘らんか: 喧嘩しないでおこう。←「闘らんちゅん」〈喧嘩しないでおく〉。

186 巣出果報 そーいびーんでぃ。

▶ おめでたですって。

*A: あれー 巣出果報 そーいびーんでぃ。

B: ゑー、かさぎとーんでぃなー。

*A: 彼女、おめでたですって。
B: ああ、妊娠したんだね。

★巣出果報: 「天から授かった果報」の意で、妊娠を指す上品な言い方。

★かさぎとーん: はらんでいる。妊娠を指す直接的な言い方。

187 あんし 清らさぬ！

▶ なんて綺麗なんだ！

A: あいえー、何時やかん 変わてぃ、今日や あんし 清らさぬ！

*B: 何時やかん 変わてぃゐ？ 今日ん 清らさんやー、あいびらに。

 A: おお、いつもと違って、なんか今日は綺麗だなー！
 *B: いつもと違って？ 今日も綺麗だね、でしょ。

★何時やかん: いつもより。

★変わてぃゐ: 変わってなのか。「〜ゐ」は疑問を表す。

188 無理 すなよー。

▶ 無理しちゃダメだよ。

*A: くぬ 公園や 清らさぬ、なーふぃん 御胴とぅ 遊び欲さいびーしが、何がやら 冷く なとーいびーっさー。

B: あんやみ？ あんしぇー なさらん、りっか！ 汝や 体弱さくとぅ、無理 すなよー、りちゃりちゃ！

 *A: この公園素敵だから、もっとあなたと一緒にいたいんだけど、なんだか寒くなってきちゃった。
 B: そうなの？ そりゃダメだ、行こう！ 君は体が弱いから無理しちゃダメだよ。行こう行こう！

★冷く: 寒く。←「冷さん」〈寒い〉。

★りっか: さあ。誘いかけるときの言葉。「りちゃ」とも言う。

★体弱さくとぅ: 「体弱さん」〈体力が弱い〉＋「〜くとぅ」〈〜から〉。ちなみに、「体」は「体力」、「体」は「体」を指す。

★無理 すなよー: 無理はするなよ。「無理」は「無理」＋「〜や」〈〜は〉の融合した形。

CHAPTER 7   103

189 いっ達や 最通とーみ？

▶ あんたたち仲良くやってんの？

母：だー、汝が 此間 添てぃ来る あぬ 思やー小や 如何そーが？ いっ達や 最通とーみ？

息子：今ん 良ふぃれー そーいびーんどー。あれー 今 忙さんでぃ。

> 母：ねえ、このあいだ連れてきた彼女、どうしたの？ あんたたち仲良くやってんの？
> 息子：うん、うまくいってるよ。あいつ今忙しいんだって。

★ 思やー小：恋人。

★ 最通とーみ：長続きしているか。「続ちょーみ」〈続いているか〉とも言う。

★ 良ふぃれー そーいびーん：良い付き合いをしています。

190 家から着やーしぇー 行会らんしが。

▶ 部屋着じゃ会えないわよ。

A：汝とぅ 行会い欲さんでぃち、女うっとぅ 添てぃ 来しが。

*B：うん 如 家から着やーしぇー 行会らんしが。待っちょーちみそーりよ。

> A：君と会いたいっていうんで、妹連れてきてんだけど。
> *B：こんな部屋着じゃ会えないわよ。ちょっと待ってて。

★ 女うっとぅ：妹。

★ 家から着やー：家で着る服。「いっそー着やー」〈普段着〉もよく用いる。

★ ～しぇー：「～し」〈～で〉+「～や」〈～は〉の融合した形。「～し」については ⇒ 20 。

104 CHAPTER 7

191 何がやら 言出じゃし苦さぬ…。

▶ なんだか言い出しにくくて。

A：如何が、我っ達 事 親んかい 言ちゐ？

*B：何がやら 言出じゃし苦さぬ…。明日 うんぬきやびらやー。

　A：どう、俺たちのこと、親に言った？
　*B：なんだか言い出しにくくて。明日話すわね。

★事：「事」＋「〜や」〈〜は〉の融合した形。

★うんぬきやびら：申し上げましょう。「うんぬきゆん」で「申し上げる」。

192 思ちゃきんさん 事 やいびーるむん。

▶ 思いも寄らないことだから。

A：あぬー…、我ん 彼女 なてぃ呉らんがやー？

*B：ふー？ うん 如 あったに 言らってぃん…。我んねー あんし、思ちゃきんさん 事 やいびーるむん。

　A：あのー…、僕の彼女になってもらえないかな？
　*B：えー？ そんなこと急に言われても…。あたし、そんな、思いも寄らないことだから。

★思ちゃきんさん：思いがけぬ。「思ちゃきん無ん」とも言う。

CHAPTER 7　105

193 あい、星ぬ 家移！

▶ あっ、流れ星だ！

A: 夜ぬ ドライブん 面白物やー。あい、星ぬ 家移！

*B: まーやいびーが？

　A: 夜のドライブも楽しいもんだね。あっ、流れ星だ！
　*B: えっ、どこなの？

★面白物: 楽しいこと。「楽しい」の意では普通「うぃーりきさん」を用いる。
★星ぬ 家移: 直訳すると「星の引っ越し」。

194 本当 仕事る そーいびーてぃゐ？

▶ ホントに仕事してたの？

*A: 何、昨日や 本当 仕事る そーいびーてぃゐ？

B: やたんどー。

　*A: なーに、昨日はホントに仕事してたの？
　B: そうだよ。

★やたんどー: ～であったんだぞ。

195 汝 腿枕 良塩梅やっさー。

▶ 君のひざまくらは気持ちいいよ。

A: 汝 腿枕 良塩梅やっさー。
*B: 動 かんてぃ 呉みそーれー、今 耳掃除 そーいびーくとぅ。

A: 君のひざまくらは気持ちいいよ。
*B: 動かないで、今耳掃除してるんだから。

★腿枕：「腿枕」〈ひざまくら〉+「〜や」〈〜は〉の融合した形。
★良塩梅：いい按配、いい気持ち。
★動かんてぃ：動かないで。「動ちゅん」で「動く」。

196 まじゅん 東京んじ 暮らち呉らに？

▶ 一緒に東京で暮らしてくれないかな？

A: 我んとぅ まじゅん 東京んじ 暮らち呉らに？
*B: あん しー欲さいびーしが、親ぬ 病 掛かてぃ 頓着 さんでーないびらんくとぅ…。

A: 俺と一緒に東京で暮らしてくれないかな？
*B: そうしたいけど、親が病気になって看病しないといけないから…。

★あん しー欲さいびーしが：そうしたいのですが。
★頓着：看病。
★さんでーないびらん：しなくてはなりません。

197 我ん まーんかい 惚りたる ばーが？

▶ 僕のどこにほれたの？

彼氏：汝や 我ん まーんかい 惚りたる ばーが？

彼女：丈 高さる 所。

彼氏：うっさなー？

> 彼氏：君は僕のどこにほれたの？
> 彼女：背が高いところ。
> 彼氏：それだけ？

★高さる： すぐ後に名詞が来て、その名詞を修飾する形。←「高さん」〈高い〉。

Chapter 8

ビジネス フレーズ

ビジネスシーンで使える表現や、
仕事にまつわるフレーズを集めました。
覚えておくと便利な、
丁寧な表現も入っています。

198 来ーびらさい。

▶ ごめんください。

A: 来ーびらさい、誰がな めんそーらんがやー？

*B: ふー、まーやいびーがやー？

　　A: ごめんください、どなたかいらっしゃいませんか？
　　*B: はい、どちら様でしょうか？

★来ーびらさい: ごめんください。女性が言う場合は「来ーびらたい」となる。

★めんそーらんがやー: いらっしゃいませんかねえ。

★まーやいびーがやー: どなたですかねえ。さらに丁寧な表現に「まー うやんしぇーびーがやー」〈どちら様でいらっしゃいますか〉がある。

199 いめんしぇーびり。

▶ いらっしゃいませ。

A: 予約 さびたる 池原やいびーん。

*B: いめんしぇーびり。御待ち そーいびーたん。

　　A: 予約していた池原です。
　　*B: いらっしゃいませ。お待ちしておりました。

★いめんしぇーびり: いらっしゃいませ。非常に丁寧な挨拶。次いで、「めんそーり」〈いらっしゃい〉、「めんそーれー」〈いらっしゃいよ〉の順に丁寧さの度合いが低くなる。ちなみに、「めんそーれ」という表記をよく見かけるが、末尾に音引きを入れて「めんそーれー」とするのが発音に即した表記である。

200 見知っちょーてぃ 呉みそーり。

▶ お見知りおきください。

*A: 我んねー 赤嶺んでぃ 言ちょーいびーくとぅ、見知っちょーてぃ呉みそーり。

B: 我んねー 具志堅でぃ 言ちょーくとぅ、良たさる 如やー。

*A:（年上に対して）私は赤嶺と申します。お見知りおきください。
B:（年下に対して）私は具志堅なんで、よろしく。

★見知っちょーてぃ 呉みそーり: 直訳すると「見知っていてください」。より丁寧に「(〜して) くださいませ」とするなら「呉みしぇーびり」を使う。

★良たさる 如やー: よろしくなあ。「良たしく」〈よろしく〉という言い方もあるが、「良たさる 如」よりは軽くなる。

201 初みてぃ 拝 なびら。

▶ 初めまして。

*A: 初みてぃ 拝 なびら、我んねー 照屋んでぃ 言ちょーいびーん。

B: 初みてぃやーさい、我んねー 石川やいびーん。

*A: 初めまして、私は照屋と申します。
B: 初めまして、私は石川です。

★初みてぃ 拝 なびら: 初めてお目にかかります。初対面の年上に対して使う丁寧な挨拶。

★初みてぃやーさい: 初めまして。直訳すると「初めてですね」。女性が使うときは「たい」を付ける。「初みてぃ 拝 なびら」よりも軽い挨拶で、多少敬語が必要な相手（職場の同僚など）に対して使う。

202 今日や 忙さいびーん。

▶ 今日は忙しいです。

A: 儲きとーいびーみ？

*B: うー、御蔭に、今日や 忙さいびーん。

　　A: 儲かってまっかー？
　*B: はい、お陰様で、今日は忙しいです。

★儲きとーいびーみ: 儲けていますか。
★御蔭に: お陰様で。

203 御無礼 さびら。

▶ 失礼します。

A: あんしぇー、くり っし呉れー。

*B: うー、分かやびたん。御無礼 さびら。

　　A: じゃあ、これ、やってくれたまえ。
　*B: はい、分かりました。失礼します。

★御無礼 さびら: 失礼します、すみません。退出するとき、人前を通るとき、人に話しかけるときなどに言う。「**御無礼 さびたん**」〈失礼しました〉は謝罪するときなどに使う言葉。

204 御胴ん 大事やーたい。

▶ あなたも大変ね。

A: しー破たくとぅ、社長から 通ち 心貫物言びけーい さってぃよー。

*B: 御胴ん 大事やーたい。如何ん 無びらに?

　A: ミスしたから、社長にしょっちゅう嫌みばっかり言われちゃってさー。
　*B: あなたも大変ね。大丈夫?

★**心貫物言:** 皮肉な物の言い方。

★**さってぃ:** されて。

★**大事やー:** 大変ねえ。

★**如何ん 無びらに:** 何ともありませんか。

205 しじゅみかち 第一どー。

▶ 整理整頓が大切だぞ。

A: 何が くまー、あんし しじぇーらち! 仕事 する 時ねー しじゅみかち 第一どー。

*B: 御無礼 なとーいびーん。今 しじゅみやびーん。

　A: 何だここは、こんなに散らかして! 仕事するときは整理整頓が大切だぞ。
　*B: 申し訳ありません。今すぐ片づけます。

★**くまー:**「くま」〈ここ〉+「〜や」〈〜は〉の融合した形。

★**しじぇーらち:** 散らかして。←「しじぇーらすん」〈散らかす〉。

★**時ねー:** ときには。「〜ねー」は「〜に」〈〜に〉+「〜や」〈〜は〉の融合した形。

★**しじゅみかち:** 片づけること。「しじゅみゆん」で「片づける」。

★**御無礼 なとーいびーん:** 失礼しました、申し訳ありません。謝罪の言葉。

CHAPTER 8　113

206 しかっとー 分(わ)かやびらん。

▶ はっきりとはわかりません。

A：本社から 加勢(かしー)ぬ 来(ちゅー)んでぃなー？ あんし 何時(いちちゅー) 来(ち)んでぃ 言(い)たが？

*B：電話(でんわ)っし 聞(ち)ちゃるびけーいどぅ やいびーくとぅ、しかっとー 分かやびらん。

　A：本社から応援が来るんだって？ それでいつ来るって言ってたんだ？
　*B：電話で聞いただけですので、はっきりとはわかりません。

★加勢(かしー): 応援、手伝い。

★来(ちゅー)んでぃなー:「来(ちゅー)ん」〈来る〉+「～んでぃ」〈～と〉+「なー」〈か〉。

★言(い)たが: 言っていたか。「言(い)たが」が一番丁寧な言い方で、「言たが」「言たが」はそれより丁寧さの度合いが低い。

★しかっとー:「しかっとぅ」〈ちゃんと〉+「～や」〈～は〉の融合した形。

207 一時(いっとぅち) 待(ま)っちょーてぃ呉(くぃ)みしぇーびり。

▶ 少々お待ちくださいませ。

A：御無礼(ぐぶりー) さびら。我(わ)んねー 嘉数(かかじ)んでぃ 言(い)びーしが、営業部(えいぎょうぶ)ぬ 喜屋武(ちゃん)さん めんしぇーびーがやー。

*B：うー、今(なま) 呼(ゆ)ばびーくとぅ、一時(いっとぅち) 待(ま)っちょーてぃ呉(くぃ)みしぇーびり。

　A：すみません、私、嘉数と言いますが、営業部の喜屋武(きゃん)さんをお願いします。
　*B：はい、今お呼びしますので、少々お待ちくださいませ。

★めんしぇーびーがやー: いらっしゃいますかねえ。

★呉(くぃ)みしぇーびり: (～して) くださいませ。「呉(くぃ)みそーり」〈(～して) ください〉よりも丁寧。

114　CHAPTER 8

208 今でぃーなー 何 そーたが？

▶ こんな遅くまで何やってたんだ？

A：今でぃーなー 何 そーたが？

*B：約束 さる 御客ぬ にっか ないびてぃ…。

　A：こんな遅くまで何やってたんだ？
　*B：約束したお客様が遅くなったんです。

★ 今でぃー： こんなに遅く、まだ。「～なー」が付くと「こんなに遅くまで！」というニュアンスになる。

209 体 大切に しみそーり。

▶ お大事に。

A：あんしーねー、くぬ 薬 夜 飲めー 済まびーさやー？

*B：うー、あんやいびーん。あんしぇー、体 大切に しみそーり。

　A：それじゃあ、この薬は夜飲めばいいんですね？
　*B：はい、そうです。どうぞお大事に。

★ 薬： 「薬」+「～や」〈～は〉の融合した形。
★ 体 大切に しみそーり： 体を大切になさってください。

CHAPTER 8　115

210 今日や 如何 しみそーちゃが？

▶ 今日はどうなさいましたか？

*A: 今日や 如何 しみそーちゃが？

B: 頭ぬ 病でぃ、いふぃ小 熱 ふぁーふぁー さびーっさー。

*A: 今日はどうなさいましたか？
B: 頭が痛くて熱っぽいんですよ。

★いふぃ 小: ちょっと。ここでは「〜小」は語調を整える働きをしている。

★ふぁーふぁー: (熱で)ほてるさま。「熱 ふぁーふぁー すん」で「熱がある」。

211 幾人 約束や ないびーたが？

▶ 何名のアポがとれたの？

*A: 与那覇くん、口廻いぬ 多さしが、あんし 幾人 約束や ないびーたが？

B: 御無礼 ないびてぃ、今日や 一人ん ないびらんたん…。

*A: 与那覇くん、言い訳が多いけど、それで何名のアポがとれたの？
B: すみません、今日は一人もとれませんでした…。

★口廻い: 言い逃れ。

★幾人: 何人。

★約束や ないびーたが: 約束はできましたか。

212 如何 されー 良たさいびーがやー？

▶ どうすればよろしいでしょうか？

*A：社長、又ん めんそーちょーいびーしが、如何 されー 良たさいびーがやー？

B：又 来んでぃなー！ なー、我んねー 居らんでぃち 言ちょーけー。

*A：社長、またいらっしゃってますよ、いかが致しましょうか？
B：また来てるんだって！ もう、俺はいないと言っといてくれ。

★良たさいびーがやー：よろしいですかねえ。「良たさん」で「よろしい」。
★言ちょーけー：言っておけ。

213 電話 掛きてぃ 問てぃ見じゃびーがやー？

▶ 電話をかけて聞いてみましょうか？

A：我が 送てーる あぬ 肝要な 書類や あまぬ 会社んかい なー 届ちゃがやー？

*B：あんしーねー、電話 掛きてぃ 問てぃ見じゃびーがやー？

A：私が送ったあの大事な書類、向こうの会社にもう届いたかなあ？
*B：ではお電話して聞いてみましょうか？

★届ちゃがやー：届いたかなあ。「届ちゅん」で「届く」。
★問てぃ見じゃびーがやー：聞いてみますかねえ。

214 朝 6時に 起きとーいびーん。

▶ 朝は6時に起きています。

*A: 会社ぬ 行ち戻えー 2時間 掛かいびーくとぅ、朝 6時に 起きとーいびーん。

B: やてぃゐ、我んねー 行ち戻えー 3時間 掛かいんどー。

*A: 会社まで往復2時間かかるので、朝は6時に起きています。
B: そうか、私は往復3時間かかるんだけどね。

★行ち戻えー:「行ち戻い」〈行き帰り〉+「〜や」〈〜は〉の融合した形。
★朝:「朝」+「〜や」〈〜は〉の融合した形。
★やてぃゐ:（そう）だったか。相手に問い返す表現。

215 書類や くりっし 済まびーがやー？

▶ 書類はこれでいいですかねえ？

*A: 社長、書類や くりっし 済まびーがやー？

B: いぇー、我んねー 社長る やんどー。「済まびーがやー」 あらん 「良たさいびーみ」 んでぃち 言ち呉れー。

*A: 社長、書類はこれでいいですかねえ？
B: おい、私は社長なんだぞ。「いいですかねえ」じゃなくて「よろしいですか」と言ってくれよ。

★済まびーがやー: 大丈夫ですかねえ。直訳すると「済みますかねえ」。

118　CHAPTER 8

216 ただぬ 鼻しち 小る やる。

▶ ただの風邪だよ。

*A：社長、御胴ぬ 親加那志ぬ 入院 しみそーちゃんでぃ 言る 話 聞ちゃびたしが…。

B：ゐーゐー、何ん あらんどー。ただぬ 鼻しち 小る やる。

　*A：社長、親御さんが入院なさったと聞きましたが…。
　 B：いやいや、何でもないよ。ただの風邪だよ。

★**親加那志**： 他人の親を敬って言う言葉。

217 なーふぃん 手間 上ぎらんがやー。

▶ もっと給料あがんないかなあ。

*同僚：我っ達 会社よー、なーふぃん 手間 上ぎらんがやー。

同僚：汝や 童 三人 居くとぅ、うっさしぇー 苦ちさん やー。

　*同僚：うちの会社、もっと給料あがんないかなあ。
　 同僚：君は子ども三人もいるから、これだけじゃあきついよね。

★**手間 上ぎらんがやー**： 給料を上げないかなあ。

★**汝**： あなた、君。「汝」よりは幾分敬意を込めた言い方。

★**うっさしぇー**： それだけでは。「〜しぇー」は「〜し」〈〜で〉＋「〜や」〈〜は〉の融合した形。「〜し」については ⇒ 20 。

218 勘違 っし めんそーらんがやー？

▶ 勘違いなさっていませんか？

A: だー、取引先ぬ 御祝 や 何時から 始まいたが？

*B: あぬ 御祝 や 今日 あいびらん、明日やいびーしが、何がな 勘違 っし めんそーらんがやー？

A: あれ、取引先の祝賀会は何時から始まるんだったっけ？
*B: あの祝賀会は今日ではなく明日ですが、何か勘違いなさっていませんか？

★御祝： お祝い。「御祝 」と言う方が丁寧。

219 今 電話 支 無やびらに？

▶ 今、お電話大丈夫でしょうか？

A: あい！ 国吉さん、今 電話 支 無やびらに？ あぬ 書類やいびーしがよー。

*B: ふー、何ぬ 書類やいびーたがやー？

A: あっ、国吉さん、今、お電話大丈夫ですか？ あの書類なんですけどね。
*B: えーと…、何の書類でしたっけ？

220 うれー 立身 する 肝やいびーしぇー。

▶ それって出世コースじゃない。

A: 相中ぬ 与儀よ、あれー 東京本社んかい 行ちゅんでぃ。

*B: うれー 立身 する 肝やいびーしぇー。

   A: 同僚の与儀さー、あいつ東京本社に転勤だって。
  *B: えー、それって出世コースじゃない。

★相中: 仲間、同僚。
★行ちゅんでぃ: 行くんだって。
★肝: 〜ということ。

221 面倒 掛きてぃ 御無礼 なとーいびーん。

▶ ご面倒お掛けして申し訳ございません。

*A: 我が 不足やてぃ、社長迄 面倒 掛きてぃ 御無礼 なとーいびーん。

B: 済むさ。あんしが、厄介事 我んにんかい 隠すなよーやー。

  *A: 私の力足らずで、社長にまでご迷惑をお掛けして申し訳ありませんでした。
  B: まあ、いい。でも、トラブルは私に隠さないでくれよな。

★不足やてぃ: 不足であって。
★あんしが: そうだけど。「あん」〈そう〉+「やしが」〈〜であるけど〉の短縮された形。
★厄介事:「厄介事」+「〜や」〈〜は〉の融合した形。

CHAPTER 8   121

222 にっか 迄 仕事 っし をぅたとーくとぅ。

▶ 遅くまで仕事して疲れちゃってさ。

*A：喜友名さん、本当 コーヒー上戸やみしぇーさやー。今日や なー 幾返ん 飲まびたが？

B：六返ん 位 飲まんたがやー。なー、にっか 迄 仕事 っし をぅたとーくとぅ。

*A：喜友名さん、ほんとコーヒー好きですね。今日はもう何杯飲んだんですか？
 B：6杯くらい飲んだんじゃないかなあ。もう、遅くまで仕事して疲れちゃってさ。

★〜上戸：（特定の食べ物）が好きなこと。「〜上戸」は「（特定の食べ物）が好きな人」。

★やみしぇーさやー： 〜でいらっしゃるんですよねえ。

★幾返ん： 何回。

★飲まんたがやー： 飲まなかったかなあ。

★をぅたとーくとぅ： 疲れているから。「をぅたゆん」で「疲れる」。

Chapter 9

ことわざ・慣用句 フレーズ

沖縄の文化・習慣に由来した、
興味深いことわざや慣用句を学んでみよう。
ちょっとこなれた言い回しを身につければ、
相手から一目置かれること間違いなし？

223 肝ぬ 思ー
▶ 気のせい

A: 何がな 声ぬ 聞かりーたしがやー。

*B: 肝ぬ 思ー あいびらに？

　A: なんか声が聞こえたんだけどな。
　*B: 気のせいでしょ？

★肝ぬ 思ー： 気のせい。

★あいびらに： 〜ではありませんか。

224 物ー 思ん
▶ 物を考えない／思慮がない

*A: バスぬ 無んたくとぅ、なー 歩っち 帰やびたんよ。

B: 物ー 思ん、女ぬ 夜から 歩っちゅんなー。

　*A: バスがなかったから、もう歩いて帰っちゃったのよ。
　B: おいおい、女性が夜に一人歩きなんて、危ないぞ。

★物ー： 「物」+「〜や」〈〜は〉の融合した形。

★女ぬ 夜から 歩っちゅんなー： 女性が夜に歩くのか。

225 物当てー 無ん。

▶ 怖い物知らずだ。

妻：あいえーなー、あぬ 童よー、物当てー 無ん！

夫：あんすくとぅ、道んかい 飛び出じゃち！

　妻：わーっ、あの子ったら危ないことして！
　夫：まったく、道に飛び出すなんて！

★物当てー 無ん：危険を知らない。「当てー」は「当てぃ」+「〜や」〈〜は〉の融合した形。

★飛び出じゃち：飛び出して。←「飛び出じゃすん」〈飛び出す〉。

226 汗走い 水走い

▶ 汗水流して

*A：汗走い 水走い 気張とーみしぇーさや。

B：うー、御拝でーびる。

　*A：暑い中頑張ってらっしゃいますね。
　B：はい、ありがとうございます。

★汗走い 水走い：汗水流して。直訳すると「汗流れ水流れ」。

227 家習どぅ 外習。
▶ 家での行動は外でもそのまま出る。

A: 家習どぅ 外習どー。立っちょーてぃ 物 噛むんなー？

*B: なー 分かとーいびーさ。

　A: 家でやってることは外でも出るんだぞ。立ってごはん食べるやつがあるか！
*B: もう、わかってる！

★家習どぅ 外習: 昔からのことわざで、「家での習慣は外での習慣」の意。

★噛むんなー: 食べるのか。

228 言ばっぺーや 聞ち直し。
▶ 言い間違いは聞き直せ。

*A: 御胴がる 今日 しこーとーきんでぃ 言ちょーいびーんどー！

B: いぇー、昔から「言ばっぺーや 聞ち直し」んでぃち あんどーやー。今日 あらん 明日やてーさ。

*A: あなたが今日準備しておけって言ったんじゃない！
　B: おい、昔から「言い間違いは聞き直せ」って言うじゃないか。今日じゃなくて明日だったんだよ。

★しこーとーき: 準備しておけ。←「しこーとーちゅん」〈準備しておく〉←「しこーゆん」〈準備する〉。

★言ばっぺーや 聞ち直し:「相手が言い間違いをしたと思ったらもう一度聞き返してあげなさい」の意から、「相手の言い間違いは良いように解釈してあげなさい」という教え。「**言破らー 聞ち直し**」とも言う。

126　CHAPTER 9

229 徒 だ 物　値高物。

▶ タダより高いものはない。

甥っ子：くぬ 車よー、徒 だっし 得てぃ 来しが、直ぐ 破りー。直すんでぃち 銭 掛かてぃ。

叔母：「徒 だ 物　値高物」やさやー。

> **甥っ子**：この車さー、タダでもらってきたんだけど、すぐ壊れちゃってさー。直すのにお金かかっちゃって。
> **叔母**：「タダより高いものはない」ってやつね。

★ **徒 だ**： ただ、無料。
★ **破りー**： 壊れ。←「破りーん」〈壊れる〉。
★ **直すんでぃち**： 直すといって。
★ **徒 だ 物　値高物**： ただのものは高いもの。「物ー」は「物」+「〜や」〈〜は〉の融合した形。

230 見たる　影ん　無らん。

▶ 最近見なかったけど…。

A：見たる　影ん　無らん、くん長　如何　そーたが？

*B：なー　御無礼　なとーいびーん。

> **A**：最近見なかったけど、どうしてたの？
> ***B**：ほんと、申し訳ありません。

★ **見たる　影ん　無らん**： 直訳すると「見えた影もない」。久しぶりに会った年下に対して使う表現。
★ **くん長**： こんなに長い間。

231 入ららん 目んかい 入っちゃるむん。

▶ まずいところに来ちゃったよ。

A: あいえーなー、入ららん 目んかい 入っちゃるむん。
*B: 何や、御胴、今でぃーなーから 何 しーが めんそーちゃが!

A:（夫婦喧嘩の最中にやって来て）あーあ、まずいところに来ちゃったよ。
*B: なんなの、こんな遅くに何しに来たのよ!

★入ららん 目んかい 入っちゃるむん: 直訳すると「入れない穴に入ってしまって」。気まずく恥ずかしい目に遭った場合などに言う。

232 頼懸きてぃ 雨 降らすん。

▶ 当てがはずれる。

*A: あれー 来ららんでぃ 今 電話 あいびーたしが、なー 太鼓 誰んかい 打たしみやびーがやー?
B: ひー?「頼懸きてぃ 雨 降らすん」でぃ 言しぇー、くぬ たっぺーやさ。今日ぬ 祝儀 なー 如何 すが?

*A: 彼は来られないって、今、電話あったのよ。もう、太鼓は誰に打ってもらおうかしら?
B: はっ?「頼みにして雨に降られる」ってこのことだよ。もう、今日のお祝いはどうしようか?

★ひー: えっ、はっ。主に男性が年下に返答するときに使う。鼻音化、つまり鼻に抜ける声で発音しないとぞんざいになる。

★太鼓: 「太鼓」+「〜や」〈〜は〉の融合した形。

★頼懸きてぃ 雨 降らすん: 直訳すると「頼んで雨を降らせる」で、「頼みにして雨に降られる」の意。「頼懸きゆん」は「頼みにする」の意。

★たっぺー: 〜のよう。「肝合」〈つもり、意味〉と同じような意味だが、それよりは軽い言葉。「くぬ たっぺーやさ」で「こういうことだよ」。

★祝儀: 「祝儀」〈お祝い〉+「〜や」〈〜は〉の融合した形。

233 目ぬ ちびっしん 見だん。

▶ 見向きもしない。

A: あれー 余計く なたくとぅ、っ人 目ぬ ちびっしん 見だんでー。

*B: あんさびーくとぅ、っ人 余計く ないねー、あんすかなー 迄 変わいびーがやー。

A: あいつ、金持ちになったからって、人を無視しやがって。
*B: ホント、人ってお金を持つとあんなに変わるもんかなあ。

★余計く なたくとぅ: 金持ちになったから。「余計さん」で「ゆとりがある」。
★目ぬ ちびっしん 見だん: 見向きもしない。直訳すると「目尻でも見ない」。
★っ人: 「っ人」〈人〉+「〜や」〈〜は〉の融合した形。

234 似合たる 竈どぅ しかいる。

▶ 似た者同士が夫婦になる。

*A: 隣 ぬ 渡慶次さん達よ、通ち 闘えーびけーやいびーさ。

B: 昔から「似合たる 竈どぅ しかいる」んでぃち、あっ達や 互に 似ちょーくとぅやー。

*A: 隣の渡慶次さんちって、いっつもケンカばっかりなのよ。
B: 昔から「似た者同士が夫婦になる」って言うけど、あの二人よく似てるからなあ。

★闘えー: 喧嘩。
★似合たる 竈どぅ しかいる: 直訳すると「相応のかまどを作る」。「竈」は「かまど」の意。
★あっ達: あの人たち、彼ら。
★互に 似ちょーくとぅ: 互いに似ているから。

235 若さいにぬ 難儀 買てぃん っし。

▶ 若いときの苦労は買ってでもしろ。

A：「若さいにぬ 難儀 買てぃん っし」んでぃち あしが、我んねー 若さいに 一杯 遊でぃ、歳 取てぃから 難儀 すしぇー 増し。

*B：御胴、あんし 大話 しみそーち。

A：「若いときの苦労は買ってでもしろ」ってことわざがあるけど、俺は若いときにたくさん遊んで、歳取ってから苦労するのがいいよ。
*B：まったく、そんな冗談言っちゃって。

★若さいに： 若いとき。
★難儀： 「難儀」〈苦労〉＋「〜や」〈〜は〉の融合した形。

236 あん 言れー かん 言 っし。

▶ ああ言えばこう言う。

母：あん 言れー かん 言 っし、言しん 聞かん。

息子：ひっちー 沸じてぃなー。

母：ああ言えばこう言う、言うことも聞かない。
息子：しょっちゅう怒ってばっかり。

★ひっちー： しょっちゅう。

237 実ぬ 入る 中 首 折りり。

▶ 実るほど頭を垂れる稲穂かな。

母：「実ぬ 入る 中 首 折りり」んでぃち あんどーやー。汝や 三十 余てぃん あんし しーじゃ方んかい 害 すみ。

息子：はーっしぇ、分かとーさ。

> 母：「実るほど頭を垂れる稲穂かな」ってことわざがあるんだよ。あんたは30過ぎても、そうして先輩にたてつくの!?
> 息子：もう、わかってるよ。

★実ぬ 入る 中 首 折りり：中身が詰まると自然に首が折れてくる。「中」は「中」+「〜や」〈〜は〉の融合した形。

★余てぃん：過ぎても。

★しーじゃ方：先輩たち。

238 馬 乗てぃ 知り、っ人 ふぃらてぃ 知り。

▶ 馬は乗ってみよ、人とは交際してみよ。

*A：あぬ っ人 見場 恐るさいびーしが、良っ人やんしぇーる。

B：いぇー、昔から「馬 乗てぃ 知り、っ人 ふぃらてぃ 知り」んでぃち あんどーやー。

> *A：あの人って、見た目は怖いけど、いい人だよね。
> B：おいおい、昔から「馬は乗ってみよ、人とは交際してみよ」ってことわざがあるんだぜ。

★見場：「見場」〈外見〉+「〜や」〈〜は〉の融合した形。

★馬 乗てぃ 知り、っ人 ふぃらてぃ 知り：馬は乗って知れ、人は付き合って知れ。「馬」は「馬」+「〜や」〈〜は〉の、「っ人」は「っ人」+「〜や」の融合した形。「ふぃらゆん」は「付き合う」の意。

CHAPTER 9 131

にりとーん。　　　　23

ぬ
何がな あいる さびた
　がやー。　　　　　48
何がな する 事 あみ？
　　　　　　　　　　95
何がやら　　　　　14
何がやら 言出じゃし苦
　さぬ…。　　　　105
何事が？　　　　　14
何 胴一人物言 そーが？
　　　　　　　　　　46
何 とぅるばとーいびー
　が。　　　　　　　31
何 ぬるんとぅるん 歩っ
　ちょーが。　　　　77
何 増しやいびーが？　45
何やいびーが！　　25
何やていん 済むさ。　17
何んでぃ 言たが？　43
何んでぃ 言ちんよーさ
　い　　　　　　　　56
飲み 強さいびーんどー。
　　　　　　　　　　66

の
似合たる 竈どぅ しか
　いる。　　　　　129

は
初みてぃ 拝なびら。
　　　　　　　　　111

ひ
拍子な 物る やいびー
　る。　　　　　　　62

ふ
平生ぬ 事 あらんし
　が。　　　　　　　61
ふぃらく なみそーり
　よー。　　　　　　69
ふーる 行じ 来びら。
　　　　　　　　　　42
早くなー 行じ、けー払
　てぃ来わ。　　　　78
外ん 冷さる あくとぅ。
　　　　　　　　　　48
放題 しみーんどー！71
本当 仕事る そーいびー
　てぃゐ？　　　　106

ま
まーやいびーが？　　10
まーんじぬ 事故やたが？
　　　　　　　　　　40
まじゅん 東京んじ 暮
　らち 呉らに？　107
また うぬ 話 やいびー
　み？　　　　　　　34
また 戻とーいびーん
　でー。　　　　　102
またやー。　　　　　8
又ん 買いが めんそー
　りよー。　　　　　91
待っちょーきよー。　52
真っとーば 言ちゃる
　ばーる やる。　　64

み
見知っちょーてぃ 呉み
　そーり。　　　　111
見たる 影ん 無らん。
　　　　　　　　　127
実ぬ 入る 中首 折
　りり。　　　　　131
目ぬ ちびっしん 見だ
　ん。　　　　　　129
目 ふぁーふぁー な
　とーんでー。　　　33
面倒 掛きてぃ 御無礼
　なとーいびーん。121

む
持っち行じ 呉らんがやー。
　　　　　　　　　　66
戻てぃ 来んどー。　　4
物当てー 無ん。　125
物 思ん　　　　　124
無理 すなよー。　103

め
毎日 飲みーがどぅ や
　いびーさやー。　　93
メールアドレス 習ち
　呉れー。　　　　　84

いや、や
汝 腿 枕 良塩梅
　やっさー。　　　107
汝ん 良 気張とーさ。
　　　　　　　　　　59
家から 着やーしぇー
　行会らんしが。　104

家習どぅ 外習。 126
やいびーてぃゐ？ 6
やがまさぬ 寝んだらん
しが。 57
やしがてー 13
嫌ないびらーやー。 27

ゆ
ゆるっとぅ ないびたん
やー。 29

わ
我が っし取らすさ。 54
我が 悪っさたん。 101

若さいにぬ 難儀 買
てぃん っし。 130
別りてーいびーさや。 99
沸じ沸じー っし ない
びらんさー。 35
腹 減ならちからやー。
56
割甕やさやー！ 82
我んにん 肖 らち呉み
そーりよー。 75
我んにんかい 打合とー
いびーみ？ 89
我んにん 噛でぃ来びー
ん！ 89

我んにん 手適 すさ。
60
我んねー あねー 思や
びらん。 62
我ん まーんかい 惚り
たる ばーが？ 108

うん
うんじ？ 5
行じ来ゐー。 3
馬 乗てぃ 知り、
っ人 ふぃらてぃ
知り。 131

INDEX 137

INDEX　日本語索引

あ
ああ　7
ああ言えばこう言う。　130
愛してるよ。　98
あいつ付き合いにくくなっちゃって　61
あいつはまだ未熟だ。　74
朝は6時に起きています。　118
味見してくれない？　42
焦っちゃうと前に進めないぞ。　79
汗水流して　125
あそこで雨宿りしよう！　55
あたしも食べてくる！　89
あっちに行ってみよう！　86
あっ、流れ星だ！　106
当てがはずれる。　128
あなたってすぐ緊張しちゃうのよね。　50
あなたも大変ね。　113
雨がここまで来るんじゃないかしら？　47
ありえないんだけど。　61
あれえっ　22
あれだけ言っといたのに！　67
安心したわ。　29
あんたたち仲良くやってんの？　104

い
いいえ　2
言い間違いは聞き直せ。　126
いいよ。　11
家での行動は外でもそのまま出る。　126
痛いっ！　13
いただきます！　84
一緒に東京で暮らしてくれないかな？　107
行ってくるよ。　3
いつのことなの？　44
いつも同じ内容の繰り返しなのよ。　90
いつも親に反抗ばっかりして！　37
今行くよ。　100
今、お電話大丈夫でしょうか？　120
いらっしゃいませ。　110

う
ウケるー！　33
馬は乗ってみよ、人とは交際してみよ。　131
うるさいよ。　24
うるさくて寝れないんだけど。　57
嬉しいよ。　23
うんざりだ。　23

え
映画もう始まっちゃってるわー。　93

お
おい　3
おいしいー！　32
お医者さんに言われてるでしょ。　70
お母さんは言ったよね。　74
お変わりございませんか？　20
お勘定してくれるかな。　85
置きっぱなしなんだもの。　59
お酒まで飲んじゃって。　87
遅くまで仕事して疲れちゃってさ。　122
お大事に。　115
おとといは家にいたの？　46
お腹の調子が悪いのよ。　43
お腹をすかせてからね。　56
覚えてる？　15
お前もよく頑張ってるよ。　59
お見知りおきください。　111
おめでたですって。　102
思いも寄らないことだから。　105
俺がやってやるよ。　54
俺が悪かった。　101
俺に似合ってるかな？　89
俺も手伝うよ。　60

か
肩をもみましょう。　54
がっかりだ。　35
がっくりきちゃってるらしいよ。　33
かっこいいね。　83
悲しいよ。　28
体こわすわよ。　68
体のことを心配してるんですよ。　80
かわいそうに…。　25
勘違いなさっていませんか？　120
乾杯！　98

き
気のせい　124
気分が落ち着いたよ。　30
君のひざまくらは気持ちいいよ。　107
今日は忙しいです。　112
今日はゴルフをやってきたんだよ。　95
今日はどうなさいましたか？　116
今日は何日だったっけ？　47
今日は模合なんだから　86
嫌い！　53
嫌われちゃうのよね。　32
気をつけて歩けよな。　73
近所付き合いも大変だなあ。　50

く
くつろいでくださいね。　69

け
携帯番号どうやって入れるの？　94
けち！　27
喧嘩したの？　40

こ
ここの桜きれいだね。　91
このお店大好き。　94
この俳優は達人だね。　92
この辺だったと思うんだけどな。　57
困ったなあ。　26
ごめんください。　110
ご面倒お掛けして申し訳ございません。　121
こりごりだ。　23
これ、あたしに？　100
これだよ。　9
これはただごとじゃないぞ。　80
怖い物知らずだ。　125
怖いよ。　24
こんな遅くまで何やってたんだ？　115

138　INDEX

こ
こんなことってあるかしら、もう！ 37
こんなに頑固者だとは思わなかったよ。 63

さ
最近見なかったけど…。 127
ザルだねえ！ 82
三線は自己流ですよ。 88

し
仕事してれば直っちゃうよ。 58
実は 6
失礼します。 112
しばらく会ってないのよ。 41
自慢たらたらなのよ。 58
じゃあね。 8
少々お待ちくださいませ。 114
冗談だよ。 16
初婚なんだって。 99
書類はこれでいいですかねえ？ 118
思慮がない 124
心配かけて悪かったね。 60
心配してたんだよ。 31
心配するなよ。 75

す
少し時間ある？ 41

せ
整理整頓が大切だぞ。 113
世間の笑いものだ。 69
節約することも考えないと。 77

そ
そうかもしれないな。 20
そうだないわ。 18
そうだったの？ 6
外は寒いからね。 48
その後どうなったの？ 49
そのまま寝かせてあげて。 73
それって出世コースじゃない。 121
それは何だ？ 16
そんなこと言うなよ。 72
そんなことだと大きくなんないよ。 79
そんなにやきもち焼きだったなんて。 101
そんな早く？ 4

た
大丈夫だってば。 7
大丈夫だよ。 11
大切な飲み会だから仕方ないよ。 96
大変だ！ 28
大変なことになるぞ。 68
だけどね 13
ただの風邪だよ。 119
タダより高いものはない。 127
楽しみだわ！ 30
楽しんできてね。 82
誰かしら？ 9

ち
違うよ。 12
ちゃんと戸締りしなかったんじゃないの。 63
ちょうど良かったわ。 15
超恥ずかしかった。 36

つ
月が出てきたよ。 90
つまらないよ。 26

て
でかした！ 22
手伝ってちょうだいよ。 71
テレビでやってたけど 44
手を合わせてからだよ。 70
電話をかけて聞いてみましょうか？ 117

と
どういうことだ。 17
どうした？ 14
どうしたの、しょんぼりしちゃって。 31
どうしようかしら。 19
どうすれば良いでしょうか？ 76
どうすればよろしいでしょうか？ 117
どうだった、ホラー映画は？ 88
どうにもならない。 19
どうやって書いたっけ？ 45
どこで事故があったの？ 40
どちらですか？ 10
とっても喜んでるね。 36
とてもいい匂いだね。 85
とにかく 56
どれどれどれ 10
どんなに喜んだことか。 29

な
何かあったのかしら。 48
何が好きですか？ 45
何か予定ある？ 95
何事か？ 14
何ののろ歩いてんだ 77
何をひとりごと言ってんだ？ 46
なんだか言い出しにくくて。 105
何て言ったっけ？ 43
何て言ってたんだ？ 43
なんて綺麗なんだ！ 103
何でだか 14
何でもいいよ。 17
何なのよ！ 25
何名のアポがとれたの？ 116

に
似た者同士が夫婦になる。 129

ね
ねえ 3

の
飲み過ぎですよ。 66

は
はい 2
はい、わかりました。 18
初めまして。 111
はっきりとはわかりません。 114
早く行って払ってきちゃいなよ。 78

ひ
冷え性だから 53
日が落ちてからにしろよ。 76
久しぶり。 8
びっくりした！ 34
ひねくれて余計ひどくなっちゃうぞ。 78

ふ
二日酔いだって言って寝てるわよ。 92

へ
部屋着じゃ会えないわよ。 104
便所行ってきまーす。 42

ほ
僕のどこにほれたの？ 108

INDEX 139

ほっとしたわ。	29	
ほどほどにしないと	72	
ほら	5	
ほんと	12	
ほんと？	5	
ホント頭きちゃう。	35	
本当のこと言っただけだよ。	64	
ホントに仕事してたの？	106	
ほんと盛り上げるの上手ね。	87	
本物はこれです。	55	

ま

毎日飲みに行くのね。	93
まぐれなのよ。	62
まずいところに来ちゃったよ。	128
また買いにいらっしゃいね。	91
またその話？	34
またね。	8
またよりを戻してるのよ。	102
まったく	12

待ってなさい。	52
間に合わないぞ。	67

み

実るほど頭を垂れる稲穂かな。	131
見向きもしない。	129

む

無理しちゃダメだよ。	103

め

メールアドレス教えて。	84
召し上がってみてくださいよ！	83

も

もう？	4
もう家に帰ろう。	49
もったいない。	27
持って行ってくれないかな。	66

もっと給料あがんないかなあ。	119
戻ってきたよ。	4
物を考えない	124

ゆ

憂鬱だな。	26

よ

よしよしよし	11
余裕だよ。	52

わ

わあっ	22
若いときの苦労は買ってでもしろ。	130
わがままになっちゃうぞ！	71
別れたのね。	99
私はそうは思わないわ。	62
私もあやからせてくださいね。	75

〈著者紹介〉

比嘉光龍（ふぃじゃ ばいろん）

歌三線者、沖縄語講師。沖縄大学地域研究所 特別研究員、沖縄キリスト教学院大学・沖縄国際大学 非常勤講師。その他、新聞コラム執筆、沖縄語講師としてテレビ出演、教育テレビ番組脚本執筆、ラジオ番組パーソナリティ、など。

気持ちが伝わる！ 沖縄語リアルフレーズBOOK

2015年9月1日　初版発行

著者
比嘉光龍（ふぃじゃ ばいろん）
© Fija Byron, 2015

発行者
関戸雅男

発行所
株式会社　研究社
〒102-8152　東京都千代田区富士見2-11-3
電話　営業(03)3288-7777(代)　編集(03)3288-7711(代)
振替　00150-9-26710
http://www.kenkyusha.co.jp/

印刷所
研究社印刷株式会社

装幀・中扉デザイン
Malpu Design（清水良洋＋李生美）

装画・中扉挿画
トヨクラタケル

本文デザイン
株式会社インフォルム

ISBN 978-4-327-38472-2 C0081　Printed in Japan

KENKYUSHA
〈検印省略〉